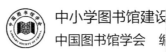

中小学图书馆建设

中国图书馆学会 编

U0624548

中学图书馆资源建设与服务

赵俊玲◎主编

国家图书馆出版社

图书在版编目（CIP）数据

中学图书馆资源建设与服务 / 赵俊玲主编 . — 北京：
国家图书馆出版社，2023.3
（中小学图书馆建设丛书）
ISBN 978-7-5013-7399-4

Ⅰ.①中… Ⅱ.①赵… Ⅲ.①中学图书馆－文献资源
建设②中学图书馆－图书馆服务 Ⅳ.① G258.69

中国版本图书馆 CIP 数据核字（2021）第 258422 号

书　　名　**中学图书馆资源建设与服务**
　　　　　ZHONGXUE TUSHUGUAN ZIYUAN JIANSHE YU FUWU
著　　者　赵俊玲　主编
丛 书 名　中小学图书馆建设丛书
责任编辑　邓咏秋　张晴池
封面设计　云水文化

出版发行　国家图书馆出版社（北京市西城区文津街 7 号　100034）
　　　　　（原书目文献出版社　北京图书馆出版社）
　　　　　010-66114536　63802249　nlcpress@nlc.cn（邮购）
网　　址　http://www.nlcpress.com
排　　版　北京旅教文化传播有限公司
印　　装　河北鲁汇荣彩印刷有限公司
版次印次　2023 年 3 月第 1 版　　2023 年 3 月第 1 次印刷

开　　本　710mm×1000mm　1/16
印　　张　14.5
字　　数　230 千字
书　　号　ISBN 978-7-5013-7399-4
定　　价　78.00 元

本书编委会

主　　编：赵俊玲

副主编：杨长军

编写组：赵俊玲　杨长军　于斌斌　钟　伟
　　　　张　琪　赵洁洁　王　超

目　录

图表目录

表目录

图目录

前　言

　　"强大的学校图书馆造就强大的学生"[①]，学校图书馆对于学校教育的重要性毋庸置疑。相较于小学图书馆，中学图书馆面临的成长环境略显艰难。客观来说，高考和中考的压力下，中学图书馆充分发挥作用的空间有一定限制。"双减"政策的推出对于中学图书馆来说是一个难得的发展机会。中学图书馆界需要用专业性展示图书馆的教育职能、信息职能、文化职能，展示图书馆对于学生全面发展的重要作用。随之而来的紧迫问题就是打造一支专业的馆员队伍，除了在大学的图书馆学专业教育中增设相应课程，加强在职馆员的继续教育以提高在职馆员的专业能力亦是目前亟须考虑的问题。中国图书馆学会组织编撰的这套"中小学图书馆建设丛书"切合领域痛点需求，本书作为丛书之一，主要围绕中学图书馆展开，力图通过通俗的语言讲解专业内容，促进在职馆员全面理解中学图书馆的职能、重点工作内容等，促进中学图书馆的高质量发展。

　　本书的编写队伍主要由高校图书馆学专业的教师、中学图书馆馆员、研究中学图书馆重要议题的学者组成。其中：赵俊玲系河北大学管理学院图书馆学系教授，主要关注阅读推广和儿童图书馆学；杨长军系广州大学附属中学图书馆馆长，曾获"中国图书馆学会青年人才"称号；于斌斌毕业于南开大学，现为天津师范大学管理学院教师，在信息素养教育方面颇有造诣；钟伟系天津市耀华中学图书馆馆长，多次受邀为天津市和全国的中小图书馆相关培训作课程讲座；张琪毕业于河北大学图书馆学专业，具有多年中学图书馆工作经验。

　　第一章由张琪和赵俊玲共同撰写；第二章由杨长军和赵俊玲共同撰写；第

---

　　① AASL.Strong school libraries build strong students[EB/OL].[2022-01-06]. https://www.ala.org/aasl/sites/ala.org.aasl/files/content/aaslissues/advocacy/AASL_infographic.pdf.

三章主要由杨长军撰写，钟伟对部分内容进行补充完善；第四章第二节和第五节由杨长军撰写，其余由赵俊玲撰写；第五章由于斌斌撰写第一至第四节，王超对部分内容进行补充，第五节由杨长军和钟伟共同撰写；第六章由杨长军撰写。附录二国际图联《图书馆青少年服务指南》的翻译由王超和张琪完成，张石审校。附录三的阅读推广活动案例由赵俊玲和杨长军选编。河北大学图书馆学专业的刘可歆、王旭美、高虹怡、朱倩和张胜义等同学参与了本书中外国案例资料的编译工作。上海市民办平和学校图书馆赵洁洁、清华大学附属中学图书馆曹月珍为本书提供了部分案例和资料。示例索引由刘可歆编制。赵俊玲负责全书统稿。

作者团队在编写过程中参考了国内外关于中学图书馆的相关书籍和资料，结合当前国内中学图书馆的现实情况，重点围绕中学图书馆的馆藏建设、阅读服务、信息素养教育和日常管理进行讲解。尽管编写团队对于本书内容进行了认真考量和写作，但由于学养有限，可能会有疏漏或欠妥之处，恳请各位中学图书馆同行指正，以求再版时能够进一步完善。

本书在编写过程中得到许多中学图书馆的大力支持，书中所选国内图书馆的照片大多由相应图书馆提供，在此笔者要向他们表示衷心感谢。在本书编辑过程中，责任编辑邓咏秋编审提出了许多专业的修改建议，在此向邓老师表示衷心感谢。

书中所写多为中学图书馆应然状态，或许有些理想主义色彩，但总是需要先了解应该是什么样子，方能朝着这个方向前进。只要朝着一个正确的方向努力，哪怕迈出一步，亦是我们图书馆员的职业价值所在，以此和所有中学图书馆员共勉！

赵俊玲

2022 年 12 月于靴城

第一章　绪论

学校图书馆，英文为 School Library 或者 Library Media Centre，国内又称中小学图书馆。美国曾经对学校图书馆的效能进行研究，研究表明，图书馆和学生的发展呈正相关关系，拥有优质馆藏和图书馆服务的学校，学生的阅读成绩以及其他成绩较高。因此美国中小学图书馆员协会（American Association of School Librarians，AASL）曾经提出"强大的学校图书馆造就强大的学生"[①]。

第一节　中学图书馆的职能

中学图书馆是中小学图书馆中的重要部分，按照学校类型不同，包括初中图书馆、高中图书馆和完全中学图书馆。作为学校图书馆的组成部分，中学图书馆的定位和学校图书馆定位基本一致，那就是为学生和教师提供发展终身学习能力所需的知识和技能。

一、《中小学图书馆（室）规程》中的界定

2018 年教育部新修订的《中小学图书馆（室）规程》中指出："图书馆是中小学校的文献信息中心，是学校教育教学和教育科学研究的重要场所，是学校文化建设和课程资源建设的重要载体，是促进学生全面发展和推动教

---

① AASL.Strong school libraries build strong students[EB/OL].[2022-01-06]. https://www.ala.org/aasl/sites/ala.org.aasl/files/content/aaslissues/advocacy/AASL_infographic.pdf.

师专业成长的重要平台，是基础教育现代化的重要体现，也是社会主义公共文化服务体系的有机组成部分。"①上述规定明确了中学图书馆的职能定位，也凸显了中学图书馆的重要价值。

（一）中学图书馆是学校的文献信息中心

中学图书馆是学校教育的重要组成部分，是学校的文献信息中心，是为学校教育、教学、科研服务的物质基础②。为了起到学校文献信息中心的作用，中学图书馆需要充分理解把握国家的教育方针政策，全面了解本校学生和教师的需求，在此基础上构建科学合理的馆藏体系。中学图书馆需要了解中学生的成长特点，了解各学科学习的特点，建设课程学习相关馆藏，为学生的课程学习提供支持。除了学科学习，中学图书馆需要充分考虑学生全方位成长的需要，建立丰富的馆藏体系，拓宽学生视野，丰富学生的精神世界。中学图书馆应该满足教师的文献需求。一方面是满足教师对教学参考类文献的需求，以提升教师的教学质量；另一方面是满足教师提升个人素养以及娱乐消遣方面的文献需求。

（二）学校教育教学和教育科学研究的重要场所

随着中学新课程标准的实施和素质教育的改革，"校本课程""研究性学习"和各种课题研究深入到广大中学③。中学师生在繁重的学习和中考、高考压力下急需课本和教参以外的知识。中学图书馆不仅为教学、科研提供高质量的信息资源，还为领导层提供教学管理、学校建设等跟踪服务，为学校和教师的课题提供咨询服务。另外，图书馆自身也承担信息素养教育、图书馆利用教育等教学型任务，需要探索如何更好地开展信息素养教育等教学研究型课题，因此中学图书馆亦是教学和教学研究部门，中学图书馆员应该从提高教学能力和研究能力两方面加强相关知识的学习。

---

① 教育部.教育部关于印发《中小学图书馆（室）规程》的通知[EB/OL].（2018-05-28）[2022-09-30].http://www.moe.gov.cn/srcsite/A06/jcys_jyzb/201806/t20180607_338712.html.

② 张拥军.发挥中学图书馆在素质教育中的作用[J].中小学图书情报世界,2005（2）:19-20.

③ 谭颖群.普通中学图书馆开展参考咨询服务研究——以广东实验中学图书馆为例[J].图书馆界,2012（6）:89-91.

案例：天津市耀华中学图书馆的图书馆课程建设

自新课程改革实施以来，天津市耀华中学图书馆将图书馆员定位为新课改的参与者、推动者、实践者。在学校大力支持和指导下，图书馆从2004年开始就进行了图书馆特色课程的开发建设，图书馆员除日常分类、编目、二次文献编辑及阅读推广工作外，要讲授课外阅读指导课、新生入馆教育课、文献检索课"三课"课程。2009年至今，为了进一步拓展丰富图书馆课程的内涵和形式，增设了"数字资源及工具书检索""读书·品书·谈书""中国古代书文化趣谈""经典名著导读""古今书趣漫谈""中国古代重要典籍简介""80后90后作家作品分析""寻找图书中的文化创意"等课程，并以选修课的形式正式纳入课表，深受学生好评。

（三）校园文化建设和课程资源建设的重要载体

中学图书馆在中学校园文化建设方面应该发挥重要作用。一方面，中学图书馆应该大力加强"书香校园"建设，通过丰富的阅读活动、科学的阅读指导课程设计等推动阅读文化的健康发展；另一方面，搞好学生的德育工作，教育资源是必不可少的，图书馆应该在学校德育教育方面发挥重要作用。中学图书馆作为为教育、教学服务的重要阵地，藏有大量品德教育的书籍，图书馆利用得天独厚的条件，不仅可以根据不同年级学生的特点推荐各种德育书籍，引导学生阅读，而且可以为班级开展各种德育工作专题活动提供文献支持，将图书馆与学生的德育工作及学校德育工作主渠道衔接在一起，在全校形成良好的教育氛围。

中学图书馆是课程资源建设的载体。一方面图书馆应该为课程教学、课程资料存档提供支持；另外，中学图书馆应该加大开放课程资源建设的力度，对MOOC、微课等开放教育资源进行选择和加工，同时为教师线上教学提供支持。

（四）促进学生全面发展和推动教师专业成长的重要平台

中学图书馆是促进中学生全面发展的平台。第一，在中学教育过程中，图书馆在帮助学生建立个性化阅读过程中发挥了重要作用，帮助学生在阅读过程中有选择性地进行阅读，帮助学生养成良好的阅读习惯，陶冶他们的情操，潜移默化地提高学生的素养，培养学生高尚的品格，帮助学生获得更多的知识，开阔视野，树立良好的创新意识，培养学生的自主学习能力，这些都具有重要价值和意义。图书馆拥有大量藏书，基于对这些优秀作品的阅读，学生可以吸收文化精髓，增强阅读兴趣，建立良好的世界观。第二，图书馆通过各种适合中学生的特定活动促进学生成长。图书馆通过吸纳学生担任学生馆员或志愿者，一方面促进学生志愿服务精神的培养，另一方面能够提升学生沟通合作等多维能力。图书馆开展各种活动，有助于培养学生的创新、批判分析等各种能力。中学图书馆应该全方位地融入学生的成长过程，切实成为促进学生全方位成长的平台。中学图书馆也是促进教师专业成长的平台。教师的专业成长需要持续地学习，持续阅读专业书籍，进而提升专业能力，提高专业技能。图书馆员根据教师的教学特点，建立教材、教参、试卷、课件等特色馆藏；另外，交流是成长的助推剂，中学图书馆应创造教师交流的机会或平台，例如一些图书馆设立"教师书吧"，成立教师读书会，促进教师之间的交流，进而推动教师的专业成长。

（五）基础教育现代化的重要体现

基础教育现代化指的是"以更高的水平来普及教育、以更加全面地促进教育公平为重点、以更加丰富的优质教育为核心、以更加健全的教育体系为保障、以更加灵活的教育机制为动力的教育基本现代化实现过程"[①]。基础教育现代化应该重点促进创新能力、批判性思维、公民素养、合作与交流能力、自主发展能力、信息素养等核心素养的培育。

学生的信息素养不是天生的，需要通过系统的信息素养教育和培养以及他们自己在长期利用信息资源的实践中逐步形成。随着信息技术的发展，知识经济社会的到来，中学生如能在信息社会培养良好的创造性思维，具备较

---

① 刘利民.扎实推进基础教育现代化[N].中国教育报,2015-05-14（13）.

高的信息素养，便为将来更好地适应社会并获得发展奠定了基础。1999年《中共中央、国务院关于深化教育改革全面推进素质教育的决定》明确提出要"培养学生收集处理信息的能力、获取新知识的能力、分析和解决问题的能力"[①]，因此对中学生进行信息素养教育也是素质教育的基本要求，是新的学习方式的需要。中学图书馆必须切实开展面向广大学生的信息素养教育，培养学生主动学习和获取信息、处理信息的能力，使他们能够适应未来生活和工作需要。

（六）公共文化服务体系的有机组成部分

在国家大力推动建设公共文化服务体系、提倡全民阅读、建设"书香社会"的环境中，中学图书馆在保障为本校师生教学和学习提供服务的前提下，应该努力融入公共文化服务体系。中学图书馆一方面可以通过开展亲子共读等活动，提升家庭成员的阅读或文化素养，促进亲子沟通；另一方面也可以组织面向公众的文化活动，提升他们的公共文化获得感，比如天津东丽湖未来学校图书馆面向东丽湖社区居民组织"小镇书市"，通过交换闲置图书促进知识的流动以及居民的相互了解[②]。另外，目前也有一些中小学图书馆和公共图书馆合作，以公共图书馆分馆的形式投入公共文化建设中，在当地公共文化建设统一规划下开展相关活动，还有中小学图书馆尝试在节假日或学生放学后向公众开放。

二、IFLA[③]《学校图书馆指南》（第二版）[④] 中对学校图书馆职能的界定

2015年IFLA对《学校图书馆指南》进行修订，将学校图书馆的职能概括为以下几个方面：

1.学校图书馆是学校里专门的实体和数字空间，它向学校全体成员开

---

①　中共中央、国务院关于深化教育改革全面推进素质教育的决定[J].中国高等教育,1999(13/14):3-7.

②　施静华,蔡迎春.图书馆服务创新案例赏析[M].北京:国家图书馆出版社,2023:225-236.

③　IFLA即国际图书馆协会与机构联合会（简称国际图联）。

④　IFLA. School library guidelines:2nd ed[EB/OL].[2022-11-03]. https://repository.ifla.org/handle/123456789/58.

放，能为学校所有成员使用。

2.学校图书馆是信息空间，它提供包括印刷、多媒体和数字馆藏等多种媒介的高质量信息源的开放和平等获取。

3.学校图书馆是安全空间，它能够鼓励和支持个人的好奇心、创造力和学习意向。学生能在这里安全地探究包括争议性话题在内的各种问题。

4.学校图书馆是教学空间，它能培养学生信息交流和知识创造相关的能力。

5.学校图书馆是技术空间，它提供一系列用于知识创造、表达和分享的技术工具、软件和专门知识。

6.学校图书馆是文化中心，全体师生得以在这里开展一切形式的阅读推广活动，进行基本素养培育。

7.学校图书馆是数字公民中心，全体师生在这里可以学习如何以恰当的、合乎道德的和安全的方式使用数字化工具，学习保护个人信息的策略。

8.学校图书馆是信息环境，为学校所有成员提供平等的、他们在家中无法获得的资源、技术以及发展信息技能的机会。

9.学校图书馆是社会空间，它为全体师生提供文化活动和教育活动。

第二节　中学图书馆主要工作内容

《中小学图书馆（室）规程》明确提出图书馆的主要任务是："贯彻党的教育方针，培育社会主义核心价值观，弘扬中华优秀传统文化，促进学生德智体美全面发展；建立健全学校文献信息和服务体系，协助教师开展教学教研活动，指导学生掌握检索与利用文献信息的知识与技能；组织学生阅读活动，培养学生的阅读兴趣和阅读习惯。"[①] 中学图书馆的主要工作应以此为导向，落实完善业务流程。

---

① 教育部.教育部关于印发《中小学图书馆（室）规程》的通知[EB/OL].（2018-05-28）[2022-09-30].http://www.moe.gov.cn/srcsite/A06/jcys_jyzb/201806/t20180607_338712.html.

一、文献资源建设

中学图书馆应根据发展目标，以师生需求为导向，制定图书配备与其他馆藏文献信息建设发展规划。对采集的文献信息进行科学的分类编目，建立完善的书目检索系统，实现书名、著者、分类等多种途径的检索。定期公告资源更新目录，做好新书通报，及时更新馆藏资源。图书馆需重视听取师生意见，建立意见反馈机制，不断提高资源质量和适宜性。图书馆应定期开展清理审查，严禁盗版图书等非法出版物及不适合中学生阅读的出版物进入图书馆。图书馆应统筹纸质资源、数字资源和其他载体资源，依托区域数字图书馆和信息资源中心获取数字图书和电子期刊等。

中学图书馆应围绕学校教学育人的需要进行文献资源建设。在学生读物方面，应增加能丰富课余生活、拓展学科知识、普及美育和德育方面的馆藏资源。教师用书方面，首先要增加新的教育思想、教育心理方面的图书；其次是配合学校有关活动，熟悉各学科教学发展和变化，结合书刊出版情况选择相关新书；再次是采选教师进行继续教育需要的学科专著。此外，中学图书馆应该积极参与学校的校本资源开发和建设。

二、借阅服务

借阅服务是图书馆的基础服务，中学图书馆员应树立以读者为中心、以知识服务为核心的服务理念，着力推行服务人性化，不断创新服务模式，拓展服务范围，丰富服务内容，提升服务职能，为人找书、为书找人，以全心全意为读者服务为宗旨，逐步提升读者对图书馆的认知度、信任度和满意度。

中学图书馆应当做好阅览、外借、宣传推荐服务工作。图书馆应该制定切合读者需要的、科学合理的借阅制度。图书馆的馆藏陈列应该有利于读者发现他们所需的文献。图书馆员应该向学生推荐和提供优秀课外读物，扩大学生的知识面和视野，有针对性地开展参考咨询服务[①]。图书馆员需要不断学

---

① 范玉兰.浅议中学图书馆管理建设与服务——初中图书馆借阅分析与措施[J].新课程(中学),2016(4):223.

习和提高自身的文化素质和专业技能，熟悉馆藏，关心读者"读什么、怎么读"，指导学生选择有知识、有趣味的读物，做好导读工作。

三、支持教师的教学教研

中学图书馆是学校教学教研的重要组成部分，图书馆应抓住基础教育课程改革的机遇，把握发展方向，利用自身优势，为教育教学提供高效优质的服务。图书馆员应该深入了解各学科教师教学教研需求，为教师提供文献或技术支持，比如广州大学附属中学图书馆2015年和语文学科老师合作推出基于平板电脑的阅读指导课，语文老师组织课堂教学，图书馆主要提供场所和技术支持。目前一些高校图书馆的教学支持服务面向课程建立专题资源库，中学图书馆可以借鉴，围绕某一个学科，或某一个专题建立资源库，为教师教研提供支持。

四、开展信息素养教育与阅读指导

除了支持服务各学科教师的教学教研，中学图书馆员应该结合自身工作开展教学教研活动，重点围绕信息素养教育和阅读指导开展相关教学活动。各中学图书馆在具体做法上略有区别。有的将信息素养教育和阅读指导课打包为一个整体的图书馆课程，比如上海市民办平和学校图书馆的"图书馆探秘"课程，包括图书馆素养、阅读素养和信息素养三个模块；有的则单独开展相应的活动，比如清华大学附中图书馆专门开设阅读指导选修课。

终身学习时代，信息素养对于个人的成长和发展至关重要，中学图书馆的信息素养教育包括面向学生和面向教师两类读者群体。面向学生的信息素养教育，一般有新生入馆教育、专门的信息素养教育课程、嵌入学科课程的信息素养教育。国内很多中学图书馆都开展了新生入馆教育，介绍图书馆设施、藏书、布局、环境、借阅规则、借阅流程等，以提高学生利用图书馆的能力和检索各种文献信息的能力。一些中学图书馆继续深化，开设专门的信息素养教育课程，或在图书馆课程中设置信息素养教育模块。嵌入学科课程的信息素养教育是未来的发展方向。除了面向学生的信息素养教育，中学图书馆应该以讲座、工作坊等形式开展面向教师的信息素养教育，促进教师终身学习能力的提升。

关于阅读指导，除了图书馆员日常进行的书目推荐等服务，中学图书馆还应该开设阅读指导课，给学生提供系统的指导。中学图书馆的阅读指导课程面向的读者包括初中和高中学段的学生，阅读课程目标应按照由低到高、由浅入深、由简单到复杂的逻辑顺序设置，以体现阶段性与发展性的统一。区别于语文阅读课程目标注重阅读方法培养，图书馆阅读指导课程的目标应注重打破学科界限，整合学科知识，在充分利用学校文献资源的基础上，引导学生进行自主学习并开展研究性学习，激发学生课外阅读的兴趣，促进学生养成良好的阅读习惯，掌握一定的阅读方法，从而提高学生的阅读素养。

五、创建"书香校园"

首先，中学图书馆应该创建一个阅读随处可及的环境，除了图书馆和班级图书角，图书馆可以在走廊、操场、餐厅、宿舍等广泛设立各种小书架、开放式书屋等，为学生和教师创造一个"随手可拿、随时可读"①的泛在阅读环境。其次，中学图书馆应该开展各种阅读活动。按照《中小学图书馆（室）规程》的规定，"学校可根据需要设立阅读指导机构，指导和协调全校阅读活动的开展。阅读指导机构由一名校领导担任负责人，成员由学校图书馆及相关职能部门负责人、教师和学生代表组成，鼓励家长代表参加。阅读指导机构应当定期召开会议，制定学校阅读计划，组织阅读活动的实施，反映师生意见和要求，向学校提出改进阅读活动的建议"②。中学图书馆应该在阅读指导机构的协调安排下，开展各种阅读活动，包括：书评比赛、阅读摄影比赛等竞赛类活动，阅读讨论分享会等阅读交流活动，阅读马拉松等促进学生持续阅读的活动等。图书馆在设计阅读活动时应注重培育社会主义核心

---

① 中国教育报.四川省阆中市探索"朴素而幸福"的乡村教育实践[EB/OL].（2016-01-27）[2021-11-03]. http://www.moe.gov.cn/jyb_xwfb/s5147/201601/t20160127_228956.html.

② 教育部.教育部关于印发《中小学图书馆（室）规程》的通知[EB/OL].（2018-05-28）[2022-09-30].http://www.moe.gov.cn/srcsite/A06/jcys_jyzb/201806/t20180607_338712.html.

价值观，弘扬中华优秀传统文化，促进学生的全面成长。

☞ 本章小结

中学图书馆的职能主要包括：是学校的文献信息中心，是学校开展教学和科研的重要场所，是学校文化建设和课程资源建设的重要载体，是促进学生全面发展和推动教师专业成长的重要平台，是基础教育现代化的重要体现，也是社会主义公共文化服务体系的有机组成部分。围绕中学图书馆的职能定位，中学图书馆的工作内容主要包括文献资源建设、借阅服务、支持教师的教学科研、开展信息素养教育与阅读指导、创建"书香校园"。

思考题

1. 中学图书馆主要的职能定位是什么？你觉得中学图书馆的服务和公共图书馆的青少年服务的主要区别是什么？

2. 你认为"双减"政策给中学图书馆带来哪些影响？

延伸阅读

[1] IFLA. School library guidelines：2nd ed［EB/OL］. ［2022-11-03］. https://repository.ifla.org/handle/123456789/58.

第二章　中学图书馆的读者

读者工作的中心就是一切为了读者。深入了解读者，研究读者阅读特点，对于学校图书馆工作发展具有深远意义。学校读者调查和研究是一项经常性的工作，随着社会进步和新课程改革不断深入，读者需求也在不断变化。因此，只有不断了解读者，掌握新情况、新动向，想读者之所想、急读者之所急，才能更好地服务读者。中学图书馆的读者主要包括中学生读者和教师读者两类。

第一节　中学生读者

中学生读者在中学图书馆读者中人数占比最多，是中学图书馆读者服务工作的主要对象之一。初中、高中阶段正是学生长知识、学本领的重要时期，只有了解研究他们的心理特征、阅读特点和兴趣，才能更好地、有针对性地做好对他们的阅读服务工作。

一、中学生读者的心理特征

发展心理学中的青少年期一般可以理解为中学阶段。林崇德指出，"青少年期从 11、12 岁开始，到 17、18 岁结束，历时 6 年"[①]，并将青少年期分为青春期（少年期）和青年早期。青春期主要指初中阶段，青年早期主要指

---

① 　林崇德.发展心理学[M].3 版.北京:人民教育出版社,2018:320.

高中阶段。

（一）青春期的矛盾性

青春期是人类个体生命全程中一个极为特殊的阶段，这个阶段的青少年生理发育十分迅速，但其心理发展速度相对缓慢，心理发展水平尚处于从幼稚向成熟发展的过渡时期。这样，青春期少年身心就处于一种非平衡状态，引起心理发展矛盾，主要表现为成人感与幼稚性矛盾，具体表现为以下几对矛盾[①]：

1. 反抗性与依赖性

反抗性是青少年普遍存在的个性心理特征。这种特征主要表现为对一切外在力量予以排斥的意识和行为倾向。当独立意识受到阻碍、自主性被忽视、个性发展受到阻碍或者被迫接受某种观点时，中学生易出现反抗行为。

但是，青少年内心并未完全摆脱对父母的依赖，只是依赖方式较过去有所变化。童年时，对父母的依赖更多表现在情感和生活上；青春期时，对父母的依赖则表现为希望从父母那里得到精神上的理解、支持和保护。

存在于青少年身上的反抗性也带有较复杂的性质。他们有时是想通过这种途径向外人表明已具有独立人格；有时又为了做样子给自己看，以掩饰自己的软弱。实际上，在生活中的许多方面，他们还是需要成人的帮助，尤其是在受挫时。

2. 闭锁性与开放性

进入青春期的少年渐渐将自己内心封闭起来。他们的心理生活丰富了，但表露于外的东西减少了，加之对外界不信任与不满意，增加了这种闭锁性的程度。但与此同时，他们又感到非常孤独和寂寞，希望能有人来关心和理解他们。他们不断寻找朋友，一旦找到，就会推心置腹，毫不保留。因此，青春期少年表现出闭锁性的同时，又表现出很明显的开放性。

3. 勇敢与怯懦

在某些情况下，青春期的少年似乎表现出很强的勇敢精神，但这时的勇敢带有莽撞和冒失的成分。这是因为：首先，他们在思想上很少受条条框框

---

① 林崇德.发展心理学[M].3版.北京：人民教育出版社，2018：357-358.

限制与束缚，在主观意识中没有过多顾虑，常能果断采取某些行动；其次，受认识能力局限性的影响，他们经常不能立刻辨析出危险情景。

但在另外一些情况下，这些少年也常常表现得比较怯懦。例如，他们在公众场合常羞羞答答，不够坦然和从容，未说话先脸红的情况在少男少女中比较常见。

4. 自大与自卑

青春期少年由于尚不能确切评价和认识自己的智力潜能和性格特征，很难对自己作出一个全面恰当的评价，他们很可能凭借一时感觉对自己轻下结论，这样就导致他们对自己的自信程度把握不当。几次甚至一次偶然的成功，就可以使他们认为自己是一个非常优秀的人才而沾沾自喜；几次偶然的失利，就会使他们认为自己无能透顶而极度自卑。在青春期同一个体身上，这两种情绪往往会交替出现。

（二）中学生的消极心境

心理学家认为，人类个体要达到身心和谐，就必须完成心理整合过程。一般认为，个体要到25岁甚至再晚一些才能完成这种心理整合任务，达到心态稳定和平衡。在完成心理整合任务之前，青少年不能很好地接纳自己，容易出现消极心境，主要包括以下几个方面[①]：

1. 烦恼增多

进入青春期后，许多新问题接踵而来，中学生常常不知道应该以何种姿态出现于公众面前，不知如何保持或确立自己在同伴之中应有的地位，有时他们与父母的关系出现裂痕……这些问题让他们感到烦恼。

2. 孤独

从青春期到青年早期，个体将在心理上脱离父母保护及对他们的依恋，逐渐成长为独立的社会成员。从青春期开始的"心理上的断乳"给青少年带来了很大的不安。青少年的内心冲突及在现实中所遇到的挫折都较多，对许多问题还不能依靠自己的力量和能力去解决，又不愿求助父母或其他人，因此产生一种孤独的心境。另外，此时青少年产生了对亲密关系的需求，但与

---

① 林崇德.发展心理学[M].3版.北京:人民教育出版社,2018:379-380.

此相关的社会关系还没有建立起来，因此当陷入孤独的时候，难以自拔。

3. 压抑

压抑也是在青少年中普遍存在的一种心理状态。随着年龄的增长，青少年产生了多方面的需求，既包括生理方面，也包括心理方面。但有许多需求得不到满足，其原因有多方面：愿望本身不切实际、社会上的阻力或父母的限制、自身经验不足而导致失败。因此，青少年的自尊心易受到打击，但又有争强好胜的冲动，在这种矛盾的情形下，他们常常处于压抑的心境。

（三）中学生社会性发展特点

1. 同伴关系

在同伴关系上，中学生和小学生有比较明显的区别，主要表现在两个方面[①]：

（1）逐渐克服了团伙交往方式

儿童在结交朋友方面最明显的特点是"团伙现象"，表现为六七个儿童经常在一起交往和游戏。就交友方式来说，小学时代是"团伙时代"。进入青春期后，青少年表现出许多心理不安和焦躁，他们需要一个能倾吐烦恼、交流思想并保守秘密的地方，而交友的团伙形式不具备这种功能。因此，中学生交友范围随年龄增长而逐渐缩小。

（2）朋友关系在青少年生活中日益重要

小学儿童虽已有自己所喜爱的同龄朋友，但在感情上仍十分依赖父母。进入青春期后，青少年将感情重心逐渐转向关系密切的朋友。青少年对交朋友的意义也有了新认识，他们对朋友质量产生了特殊要求，认为朋友应该坦率、通情达理、关心别人、保守秘密。青少年的朋友关系对于其心理发展水平和情绪稳定性非常重要。

2. 与成人的关系

父母是影响儿童早期成长的重要人物。进入青春期后，青少年与父母之间的关系发生了微妙变化。青少年逐渐脱离对父母的情感依赖，父母的榜样

---

① 林崇德.发展心理学[M].3版.北京：人民教育出版社,2018:385-386.

作用也逐渐弱化。青少年与教师的关系也发生了改变。一般来说，小学生可以接受任何一种类型教师。中学生不再盲目接受任何一位教师。他们一般喜欢知识渊博、授课水平高、热情和蔼、关心学生成长、有朝气的老师。对于喜欢的老师，青少年往往会努力学习这些老师所教授的科目，认真完成这些老师布置的任务。青少年一般也会有几个不喜欢的老师，对于他们不喜欢的老师，他们往往以各种形式予以排斥或拒绝[①]。

二、中学生读者的阅读动机与阅读行为

（一）阅读动机

读者阅读动机是由与阅读有关的目标所引导、激发和维持的个体阅读活动的内在心理过程和内部动力过程[②]。

1. 学生阅读能力评估项目对阅读动机的理解

国际阅读素养进步研究（Progress in International Reading Literacy Study，PIRLS）是由国际教育成就评价协会（International Association for the Evaluation of Educational Achievement）主持的国际上大规模对学生阅读素养进行评价的比较研究。PIRLS 认为阅读能力和阅读动机直接相关，对于青少年读者而言，阅读主要是为了兴趣和学习，因此主要关注两种阅读动机——为了文学体验而阅读，以及为了获取并使用信息而阅读。

2. 阅读动机的结构

关于阅读动机的构成，不同学者有不同的表述。早期学者多将阅读动机分为内部动机和外部动机。内部动机是由个体内在需要而产生的阅读心理状态，如提升个人修养、获取新的知识、拓展阅读视野、提高表达交流能力等；外部动机是指受外部因素的影响而产生的阅读驱动力，例如获得家长老师的表扬奖励、获得认同等[③]。

也有学者对内部动机进行进一步的细分。美国图书馆学家巴特勒（Pierce Butler）曾将阅读动机分为三类：获取信息、审美欣赏和获得直接的

---

① 林崇德.发展心理学[M].3 版.北京:人民教育出版社,2018:387-388.

②③ 张琳.中学生阅读动机现状及其与阅读素养的关系调查研究[D].武汉:华中师范大学,2019:7.

愉悦感[①]。第一类也可称为知识性或信息性阅读，即阅读的目的是获取知识或信息；第二类是审美／素养提升性阅读，即阅读的目的是提升自身修养；第三类是消遣性阅读，阅读是一种休闲，一种放松，一种打发时间的方式。

随着对阅读动机研究的深入，学者关于阅读动机构成的认识开始突破内部动机和外部动机这个二元框架，Wigfield 和 Guthrie 认为阅读动机包括四部分：阅读的内部动机、阅读的外部动机、阅读的社会性动机和阅读的自我效能（见表 2-1），并设计了阅读动机量表（The Motivation for Reading Questionnaire），全面分析了阅读动机的不同维度。后来的研究者进行阅读动机研究时，常常以此表为主干，或在其基础上修改完善。Wigfield 和 Guthrie 的阅读动机量表已成为经典的阅读动机测量工具。

表 2-1　Wigfield 和 Guthrie 的阅读动机构成维度

阅读动机的四个层面		细分维度	
名称	内涵	维度名称	维度内涵
内部动机	为了满足好奇心、求知欲以及获得能力和情感的需要而产生的阅读动机	阅读好奇心	有想要阅读的特定主题或题材
		阅读沉浸	从阅读中得到享受
		阅读重要性	认为阅读是有价值的事情，希望成为一名好的阅读者
		回避阅读	有逃避阅读复杂书籍的想法
外部动机	在外部压力下形成的阅读愿望	阅读竞争	想要超过其他阅读者，希望在阅读上有出色表现
		认同	希望完成阅读任务后获得表扬
		阅读成绩	希望通过阅读提高成绩
社会性动机	出于一种社会交往的需要而产生的阅读动机	阅读的社会性	与朋友和家人分享从阅读中获得意义的过程
		阅读承诺	为了满足他人的期望而进行阅读

---

① 巴特勒.图书馆学导论[M].谢欢,译.北京:海洋出版社,2018:71.

阅读动机的四个层面		细分维度	
名称	内涵	维度名称	维度内涵
自我效能	读者对自己是否能完成阅读的主观判断	阅读自我效能感	相信自己能够顺利完成阅读任务
		阅读挑战	有阅读艰深读物的想法

来源：WIGFIELD A，GUTHRIE J T. Relations of children's motivation for reading to the amount and breadth of their reading[J]. Journal of educational psychology，1997，89（3）：420-432.

注：此表由河北大学在读硕士研究生裴茜雅参考上述文献中关于阅读动机量表的内容制作。

Lau 和 Chan（2003）在 Wigfield 和 Guthrie 1997 版阅读动机量表的基础上编制了中文阅读动机量表（The Chinese Reading Motivation Questionnaire）[①]，包括动机量表和归因量表。其中的动机量表以 1997 版阅读动机量表为基础，仍然分为自我效能、内在动机、外在动机和社会性动机 4 个维度。归因量表是学生对自身阅读表现好坏的归因测量工具，包括了努力、能力、策略使用和外部因素 4 个方面。

3. 中学生阅读动机的影响因素

（1）年级

中学生阅读动机存在年级差异。整体来说，初中生和高中生的阅读动机差异明显，初中生的阅读动机高于高中生的阅读动机，但是在初中和高中内部则没有明显差异。宋凤宁等人的研究结果表明，虽然只有外部动机和社会性动机有明显的年级差异，但在所有分量表上的平均得分，初中生都高于高中生[②]。李武的研究也验证了社会化动机随着年级的提高呈现下降的趋势。初中生的总

---

① LAU K，CHAN D W. Reading strategy use and motivation among Chinese good and poor readers in Hong Kong[J]. Journal of research in reading,2003,26（2）:177-190.

② 宋凤宁,宋歌,佘贤君,等.中学生阅读动机与阅读时间、阅读成绩的关系研究[J].心理科学,2000（1）:84-87,127.

体阅读动机显著高于高中生[1]。柳长友的研究表明，初一、初二分别与高一、高二之间的差异显著，而初中生和高中生内部在阅读动机方面没有显著的年级差异[2]。

（2）性别

对于性别是否对中学生阅读动机存在影响，目前学术界并没有一个统一的定论。大部分学者认为中学生阅读动机存在性别差异，比如宋凤宁等人的研究结果表明，在内部动机、社会性动机以及全量表上都存在着显著的性别差异。从整体来看，男生的各分量表和全量表上的平均得分都低于女生，表明女生的阅读动机优于男生[3]。伍碧等人的研究显示，女生在阅读内部动机层面、阅读的社会交往动机层面得分都比男生高，表明女生对阅读的投入程度和认可程度较高，阅读的社会交往动机也较强[4]。但是也有部分学者认为性别对于中学生阅读动机没有影响，比如李武在研究中并没有发现青少年社会化阅读动机存在性别差异[5]。

（3）家庭

童年时期的亲子阅读频率、家庭亲密程度等因素会影响到阅读动机。伍碧等人的研究发现童年时期的亲子阅读频率对农村少年的阅读动机有显著的影响，而且将会在未成年人的成长过程中持续影响其阅读动机[6]。顾红磊等人的研究发现父母鼓励对阅读自主性有显著的正向预测作用；父母鼓励对阅读动机的影响随着家庭亲密度的降低而减弱，也就是说越亲密的家庭，父母

①　李武.青少年社会化阅读动机研究：以上海初高中生微信阅读为例[J].中国图书馆学报,2014（6）:115-128.

②　柳长友.中学生阅读动机发展的研究[D].天津：天津师范大学,2007:28.

③　宋凤宁,宋歌,佘贤君,等.中学生阅读动机与阅读时间、阅读成绩的关系研究[J].心理科学,2000（1）:84-87,127.

④⑥　伍碧,鲁旭,张亚莉.农村少年阅读动机调查及对阅读推广的启示——以广州市精准扶贫定点帮扶村为例[J].新世纪图书馆,2020（11）:40-44.

⑤　李武.青少年社会化阅读动机研究：以上海初高中生微信阅读为例[J].中国图书馆学报,2014（6）:115-128.

的鼓励越能激发孩子的阅读动机 [①]。

（二）阅读行为

1.阅读行为的类型

读者阅读行为大致可以按照以下角度分类：

（1）根据阅读客体媒介形态可分为纸质阅读和数字阅读。纸质阅读主要指阅读记录在纸质材料上的内容。数字阅读主要有两层含义：一是阅读对象数字化，阅读内容是以数字化方式呈现的，如电子书、网络小说、电子地图、数码照片、博客、网页等；二是阅读方式数字化，阅读载体不是平面纸张，而是带屏幕显示的电子仪器，如台式电脑、PAD（平板电脑）、MP3、MP4、笔记本电脑、手机、阅读器等。

（2）根据阅读精力投入程度可分为深阅读和浅阅读。深阅读是指阅读主体思想上高度重视、精力上给予较多投入，在知识、经验、思想和技能上有明显收获的阅读。浅阅读指采取跳跃式快速阅读的活动，以简单轻松甚至娱乐为最高追求的阅读活动。

2.中学生阅读行为的特点

（1）初中阶段是中学生读者阅读的黄金阶段

从阅读行为来看，中学生课外阅读情况随着学龄增加有所减少，初中生普遍强于高中生，毕业班学生低于非毕业班学生。课业压力对中学生课外阅读时长影响较大，学生自主阅读时间得不到有效保障。初一、初二年级是中学阶段的阅读黄金时段，这个学段的学生刚从小学升到初中，学习压力相对较轻，同时对阅读有较强好奇心和活力。高一高二年级大部分学生的课外阅读都是课堂教学的延伸，阅读功利性增强。同伴在初中生读者群体中影响力表现突出，随着自我觉醒和自我意识不断成长，高中生读者逐步形成独立思考能力，同伴影响力逐步降低。

（2）阅读主要内容以文学为主，科学为辅

中学生阅读内容主要以文学类作品为主，除课本指定的课外读本以外，

---

① 顾红磊,刘君,路晓英,等.父母鼓励对初中生阅读自主性的影响:一个有中介的调节模型[J].教育研究与实验,2017(6):89-94.

校园小说、侦探小说、漫画类小说也是中学生喜欢阅读的作品。文学作品能够激发中学生读者的想象力和同理心。这类图书故事性强，能吸引中学生进行阅读，阅读障碍较少，因此中学生普遍喜欢阅读文学读物。中学图书馆馆藏中文学类图书占比也较大。

（3）数字阅读日益普遍

今天的中学生是"数字原住民"，对数字媒体有着天然亲切感，尽管中学生接触数字媒体受学校及家庭限制，但是中学生的数字阅读仍然占相当比重。2017年湖南省长沙市一项调查发现，有33%的高中生利用碎片时间进行课外阅读，其中使用电子方式阅读占69%[1]。青少年群体数字阅读已经比较普遍，和纸质阅读几乎占同等比例。我国中学生群体数字阅读更倾向于社交站点信息（如微信朋友圈）、网络小说和新闻资讯等；课外纸质阅读选择较多的为虚构类图书、教材、纪实类图书等[2]。

（4）中学生阅读内容受学科教师与同龄人影响较大

中学生课外阅读受学科教师影响较大，其中尤其以语文学科影响最大，图书馆在提供相关服务时应该和学科教师密切合作。中学阶段语文课本在选文内都会注明出处，篇末或者单元内还会注明延伸阅读书目，这些图书必将成为中学生阅读的首要选择。此外，部编语文教学改革朝着整本书阅读和群文阅读教学模式发展，这些都会影响中学生对读物的选择，以及他们的阅读方式及态度。

就中学生心理发展特点而言，中学生受同龄人影响较大，身边同学或朋友对读物的选择以及阅读的态度会互相影响。图书馆在开展服务时应该充分考虑学科教师和同龄人的积极影响。

（5）尚未很好地掌握阅读方法

中学生虽然在课堂教学中经过一定的文本阅读训练，并在阅读指导课中接受过一些非系统化的学习，但对不同文本阅读方法的掌握程度仍然有待提升。相当一部分中学生一碰到阅读困难就会停止阅读，这说明他们一方面缺

---

① 傅裕荃.中学生课外阅读的市场供应分析[J].出版参考,2017（3）:48-49.

② 罗荣,何孟苹,陈京军.高中生智能手机阅读动机调查及其启示[J].数字图书馆论坛,2020（3）:59-65.

乏足够的阅读意志，另一方面没有掌握相关阅读方法，需要图书馆提供阅读方法方面的指导和帮助。

第二节　教师读者

教师是学校图书馆服务的主要对象，是落实立德树人教育目的的主要责任人。他们不仅对提高教学质量起着关键作用，同时也担负着培养学生政治思想觉悟、道德品质，呵护学生心理健康等职责。因此必须充分认识到教师在教育教学中的主导作用，细致深入地研究各类型教师读者的阅读需求。只有这样，才能做好教师读者服务工作。

一、不同科目教师的需求分析

教师在学校所教课程不一样，按课程设置可分为文科教师、理科教师、音体美通用教师三种类型，学校行政教师有兼课也有专职，他们的需求与前三类不尽相同，也需单独列出进行需求分析。

（一）文科教师

文科教师的阅读需求通常以教育类、文学类、历史类书籍为主。他们在备课、教学研究和写作过程中经常会使用图书馆馆藏资源。文科教师相比于其他类型教师读者更喜欢阅读。

（二）理科教师

理科教师一般阅读与本人所教学科相关的书籍，学科发展史或科普和科幻类型的图书是其需求重点。相比文科教师，理科教师更注重学生的解题能力，往往会通过题海战术加强这一能力，不大重视学生阅读在学科学习中的作用。

（三）音体美通用教师

音体美通用教师在备课和批改作业上花费时间相对较少。艺术类（音乐、美术、书法等）课程，除国家课程要求之外，常需要地方课程及校本课程加以辅助，艺术修养的提升离不开鉴赏及阅读。而体育教师的阅读需求更关注运动科学、体育健康等相关文献资源。

（四）学校行政教师

学校行政教师由学校领导及教务处、德育处、总务处等各部门相关人员组成，他们对于学校管理及教育、教学、教研及德育管理方面的图书有独特需求。他们既有学校或者部门宏观管理类图书的阅读需求，也有学校或者部门精细化运作类图书的阅读需求，是学校或者部门相关政策的制定者与坚定执行者。学校管理、基础教育类的图书是此类教师读者的需求重点。

另外，学校教师除担任教学任务外，还是德育工作者。学校教育需要将立德树人工作落到实处，这就要求教师除自己任教的学科之外，还应该对政治理论、教育理论、政策法规、学校管理、班级管理、心理健康教育等方面的文献资源有需求，图书馆读者服务工作也要对此加以重视。

二、不同年级教师的需求分析

（一）非毕业班年级教师

非毕业班年级教师暂时没有升学压力，相比毕业班年级教师，更有时间和精力拓展本学科相关的知识，也会有跨学科阅读需求，更倾向于为开阔阅读视野或提升教育教学能力而阅读。

（二）毕业班年级教师

毕业班年级教师由于教学压力大，阅读需求主要围绕中考、高考。应试技巧、命题方法、习题集等图书资料以及课件、试卷分析等数字资源是主要需求；同时，围绕升学而产生的其他相关信息，比如生涯规划、新课程改革方向或思路等也是他们关心的内容。

第三节　了解读者的常用方法

了解读者的方法有很多，对于中学图书馆来说，比较常用的有访谈法、问卷法、观察法和业务数据统计分析四种。不管哪种方法，获得读者真实需求和行为均是第一要务。另外，每种方法都有局限，需要注意多种方法的综合应用。

一、访谈法

访谈法又称询问法，它是根据研究目标直接向用户提问，从而获取相关信息，然后得出研究结论的一种基本方法。馆员和学生自由地交换意见，是调查研究的过程，也是阅读指导的过程。中学图书馆馆员应该高度重视通过访谈获得读者（尤其是中学生读者）的阅读需求、阅读偏好、阅读能力等方面的信息。

根据一次访谈的人数可分为个别访谈和集体访谈。个别访谈是对单个调查对象的访谈。集体访谈是邀请若干个调查对象，通过集体座谈的方式搜集有关资料的方法，即开座谈会。座谈会方式的优势在于读者之间可以互相启发，气氛活跃。开好座谈会需注意以下几点：一要明确会议主题，确定参会人数；二是选好场地和时间；三是避免权威人士左右其他人员发言。无论是哪种形式的访谈，图书馆员都应该以一种轻松的方式和读者进行交流，并对访谈内容进行详细记录，以便后续分析。这里需要指出的是，和读者闲聊这种非正式访谈更易获得读者真实的感受，图书馆员应该加强和师生读者的交流互动，营造一种乐于交流的氛围，轻松自如地获得诸如"对图书馆哪里最满意，哪里最不满意"等读者的需求和意见。

二、问卷法

问卷法是读者调查常用方法，需要根据预先确定的调研内容及范围设计问卷，然后将问卷以直接发放、问卷星平台等一切可能方式递交给读者，待读者按要求填好问卷后收回，进行分析研究。

（一）问卷设计

1.问卷结构

（1）导语：主要说明调查目的、调查主体、问卷填写的方法。例如：

为了解我校学生阅读习惯，从而更好地为学生提供服务，本校图书馆特进行此次学生阅读偏好习惯调查。您所填写的数据仅供此次研究之用，不会用作他途，恳请大家如实填写，请在您认为正确的选项处打钩。非常感谢支持。

某某某图书馆

（2）问题和答案：问卷主体部分。

2.问题设计

问题一般分为封闭式问题和开放式问题。封闭式问题也就是我们通常所说的选择题，包括两项式（只有两个选项）、多项式（超过两个选项）、等级式（一般指表示态度等方面的选项，如对图书馆服务满意情况等）。

问题设计时需要遵循以下原则。

（1）问题语言尽量简单明确，通俗易懂

不要问读者不明白的问题，如一份问卷中问"您是否经常使用图书馆的OPAC？"，对于读者来说，他并不明白"OPAC"指什么，必须要用读者能够明白看懂的语言，如可以把"OPAC"转换为"馆藏书目查询"。

（2）问题避免带有双重或多重含义

一个问题就问一个事情，不要试图在一个问题中询问多个事情。比如"你是否喜欢用手机进行阅读，为什么？"应该分成三个问题来问："你是否喜欢用手机进行阅读？""你为什么喜欢用手机阅读？""你为什么不喜欢用手机进行阅读？"

（3）问题不带有倾向性或者诱导性

问卷需要了解读者真实的意思表达，因此，在问题设计中尽可能避免问卷设计者主观倾向对读者的影响。

（4）不要直接问敏感性问题

（5）问题应该按照一定顺序排列

简单问题与能够引起调查者兴趣的问题放在前面，同类性质问题放在一起。

3.答案设计

（1）符合实际情况

如想要了解家长收入是否对孩子阅读有影响，在答案设计时，需要结合当地收入水平（统计局数据可供参考）以及学生主要来源进行设计。

（2）具有穷尽性和互斥性

所谓穷尽性是指能够将所有备选情况都涵盖进来，所以在问卷设计过程中经常会看到"其他"这一答案项，这就是出于对穷尽性的考虑。互斥性是指单选题答案之间不会有交叉，不能令读者在填写单选题时认为答案是模棱两可的，否则就说明答案设计时未处理好互斥性。

（3）程度式答案按一定顺序排列

比如满意度答案一般会设计为非常满意、比较满意、满意、不太满意、非常不满意；同意度答案可以设计为完全同意、同意、不确定、不同意、强烈反对。

4. 问卷预填写

设计完问卷初稿，需要找几个读者进行问卷预填写，通过预填写发现问卷设计存在的问题，比如问题含混不清，答案无从选择等，根据预填写反馈对问卷进行修改完善。问卷预填写可以进行两次，找不同的人进行预填写。

（二）问卷发放和回收

问卷发放中的一个问题是样本选择，即向哪些人发放问卷。尽管很多读者问卷调查不必采用严格随机抽样方法，但是也需要样本基本能够代表总体，因此大多会采用主观判断抽样，得到一个和总体结构近似的样本，比如总体中男女生比例大约为1:1，那么样本中男女生比例也应类似此比例，包括年级构成也是相同道理。笔者曾见过一个关于综合性大学学生阅读习惯的调查报告，样本中文科生占80%，理科生仅占20%，这样的样本构成明显和总体情况不符，不能说明总体情况。

中学图书馆可以到班级发放问卷，或委托老师进行发放，也可以把问卷放到问卷星平台，在图书馆公众号上发布问卷二维码。通过问卷星平台发布的优点是问卷星能够对问卷进行初步统计，但是也有问题，即无法精准把控问卷填写者的情况，进而影响样本的代表性和最终结果的精准性。

三、观察法

观察法是指调查者带有明确目的，凭借自己的感觉器官及辅助工具直接从社会生活现场收集资料的研究方法。观察法是搜集社会初级信息或原始资料的方法。

（一）观察法的特点

（1）是有目的、有计划的自觉认识活动；

（2）是一种在自然状态下的现场调查；

（3）调查手段主要靠人的感觉器官以及延伸物，延伸物包括各种记录人类行为的装置，比如摄像机、鼠标跟踪仪、眼动仪等；

（4）观察到的是被调查者外显行为。

观察法的优点在于简便易行、真实可靠、直观生动，但是受时空条件限制较多，对观察者素质要求比较高，需要观察者对观察目的非常明确，并且能对行为进行专业分析。

通过观察法，可以观察读者如何选择书籍，怎样与同学交谈读物的内容，参加各类读书活动的情绪等诸多方面，从而了解读者的阅读需求和阅读兴趣。观察到现象应该随时记录，及时整理和分析。

（二）观察的类型[①]

（1）根据观察的时间，可分为长期观察和定期观察。长期观察是指对读者到馆活动全过程进行不间断的持续的系统观察。短期观察指在一定时期内，进行片段的不连续观察。

（2）根据观察的内容，可以分为全面观察和重点观察。全面观察是对读者一定时期的全部阅读表现进行观察，重点观察主要观察读者参加某一项活动或某一环节的阅读表现。应尽可能采用全面观察与重点观察相结合的方法。没有全面观察，仅根据一时一事下结论难免主观片面；没有重点观察，也易流于空泛肤浅。

四、业务数据统计分析

对业务数据进行统计分析有助于更清晰地了解校内读者阅读需求。比较

---

① 郑莉莉,罗友松,王渡江.少年儿童图书馆学概论[M].北京:国家图书馆出版社,2013:38.

常用的方法是流通数据分析，一般按某一个周期（月或者年度统计）针对某种类型读者进行主题分类统计，如读者借阅排行榜、图书借阅排行榜、图书流通数据分析、借／还人数统计等。通过对流通数据深入分析，能够探查某类读者最喜欢借阅的文献或在某类文献中哪些比较受读者欢迎，从而为馆藏建设和服务提供参考。

除了借阅数据，图书馆还可以对其他业务数据进行统计，包括复印记录、OPAC查询记录等。另外，还应该加强对于学生提交作品的分析，比如学生的书评、阅读笔记、读后感、结合图书内容的绘画等，上述作品能够帮助馆员了解读者的阅读能力、阅读兴趣等相关信息。

业务数据统计分析的优点在于能反映读者真实使用情况，比较准确，但是也有一个问题需要注意——业务数据只是反映了使用情况，和需求不能完全画等号。有的学生或老师可能没有用过图书馆，但是不能理解为他对图书馆没有需求。还有一种情况是读者用过图书馆，但是读者认为图书馆满足不了他的某些需求，所以就没有提出过这种需求。比如读者不知道应该看什么书，但是他认为图书馆员回答不了他这个问题，所以就没有咨询过馆员，但是实际上他有需求。因此业务数据分析可能会漏掉潜在读者和当前读者的潜在需求。不能单凭业务数据来推断读者的需求，必须结合访谈、问卷等其他方式获得的数据，才能够得出相对严谨的结论。

☞ 本章小结

图书馆工作的核心是"为书找人、为人找书"，只有在充分了解读者需求的基础上才能更好地开展读者服务工作。中学图书馆所面对的读者群体以初、高中生和教师为主。其中，初、高中生因为心智发育及课程目标要求不同而产生的读者需求也不尽相同。教师是学校教育的主要设计与引导者。中学图书馆只有在深刻了解教师需求的基础上，才能更好地为教育教学服务。了解读者需求需要掌握一些工具和科学的调查研究方法，只有在对读者群体进行实证研究的基础上，制定相关图书馆政策，才能更好地为读者提供"接地气"的服务。

思考题

1. 初中生与高中生读者需求的最大区别在哪里？

2. 了解读者需求常用哪些方法？请你设计一份在新课程改革环境下初中教师读者需求的问卷调查表。

3. 图书馆业务数据统计分析有哪些方式、方法？

4. 你认为中学图书馆了解读者需求的重要性和意义在哪里？

延伸阅读

[1] 林崇德. 发展心理学 [M]. 3 版. 北京：人民教育出版社，2018.

[2] 风笑天. 社会调查方法 [M]. 2 版. 北京：中国人民大学出版社，2016.

第三章　中学图书馆的馆藏资源建设

在了解读者需求之后，图书馆需根据读者需求构建科学合理的馆藏体系，并对馆藏内容进行组织和管理。馆藏资源建设是中小学图书馆工作的首要环节，直接影响着读者服务、阅读推广等所有图书馆工作的开展，直接决定着图书馆生存和发展。馆藏资源建设①的内容主要包括制定馆藏发展政策、采访、分类编目、剔旧等。

第一节　馆藏发展政策

一、馆藏发展政策的定义

馆藏发展政策是图书馆系统地确定本馆文献资源的长期发展策略及具体实施规范的纲领性文件。具体而言，即图书馆根据自身的定位、任务和读者需求制定馆藏范围、采访原则、采访标准、采访级别、采访细则、采访计划、剔旧原则、剔旧程序等基本政策。图书馆馆藏发展政策的制定和实施可以促使馆员了解馆藏发展的方向，使图书馆工作有章可循、有理可依，减少馆员的个人偏见。同时，馆藏发展政策也是图书馆和外部进行沟通的工具。一方面，通过馆藏发展政策，可增进读者对图书馆日常工作的认识，了解图书馆的馆藏范围、馆藏级别和馆藏特色等，进而更好地为读者服务；另一方

---

① 馆藏资源建设，现在的部分教材中又称为"信息资源建设"，考虑到与下文"馆藏发展政策"用语的一致性，故本书仍沿用"馆藏资源建设"这一传统提法。

面，图书馆通过其馆藏发展政策可以让上级部门和学校领导了解图书馆工作与社会价值，为图书馆争取更多的政策和经费支持。

二、馆藏发展政策制定的依据

（一）国家相关政策

近年来，教育部非常重视中学图书馆馆藏建设，先后制定并颁布多份文件指导中学图书馆进行馆藏建设，比较重要的是如下两份。

1.《关于加强新时期中小学图书馆建设与应用工作的意见》

教育部、文化部、国家新闻出版广电总局《关于加强新时期中小学图书馆建设与应用工作的意见》（教基一〔2015〕2号）[①]，重点任务的第四条"确保馆藏资源质量"和第五条"规范馆藏采购机制"都对中学图书馆馆藏发展提出了一定要求。其中第四条"确保馆藏资源质量"主要要求有："教育、文化和新闻出版部门要积极创造条件组织专家学者、文化工作者和出版发行单位，为中小学生创作更多富有教育性、启发性，符合年龄特点、品种丰富的优质出版物。各地要结合实际合理确定中小学图书馆藏书复本量标准及馆藏定向补充和剔旧原则。要制定增剔工作计划，严格操作，确保剔旧后每年至少生均新增一本纸质图书，确保实现生均纸质图书册数达标。妥善存续具有收藏保存价值的图书，基础藏书配备目录内的藏书，一般不进行剔旧。进一步整合实体和虚拟资源，形成相互补充、多元统一的馆藏资源体系。改善图书馆馆藏结构，探索建立学生、教师读书反馈和评议推荐制度，遴选学生和教师心目中的好书。各地中小学要重视对校本资源、特色资源的收集、整理、加工、保存和应用。"第五条"规范馆藏采购机制"主要要求有："各级教育、文化和新闻出版部门要建立协作机制，完善中小学图书馆馆藏资源招标采购办法及实施细则。逐步健全师生、家长和专家学者等多方参与的采购机制，充分发挥全社会民主监督作用，共同把好中小学图书馆馆藏采购质量关。明确馆藏采购责任主体，将教育部指导编制的《全国中小学图书馆

---

① 教育部，文化部，国家新闻出版广电总局.关于加强新时期中小学图书馆建设与应用工作的意见[EB/OL].[2021-11-08].http://www.moe.gov.cn/srcsite/A06/jcys_jyzb/201505/t20150520_189496.html.

（室）推荐书目》作为中小学图书馆馆藏采购的主要参考依据。"

2.《中小学图书馆（室）规程》

教育部 2018 年印发的《中小学图书馆（室）规程》是目前我国指导中小学图书馆建设的最新指导性文件，涉及馆藏建设的条款比较多，其中第三章"图书配备与馆藏文献信息建设"的七条以及第四章"图书馆与文献信息管理"的十一条，分别从文献信息资源建设和管理两方面对图书馆馆藏发展政策进行阐述。第三章"图书配备与馆藏文献信息建设"中第八条规定"学校应根据发展目标，以师生需求为导向，统筹纸质资源、数字资源和其他载体资源，制定图书配备与其他馆藏文献信息建设发展规划"，这一条为中小学图书馆确立了馆藏文献信息建设发展规划的路径；第九条明确了图书馆馆藏范围；第十条、十一条、十二条对图书馆藏书量要求及采购配备方法做出了要求；第十三条强调数字资源建设；第十四条强调校本资源的开发与建设。第四章"图书馆与文献信息管理"分别从图书馆规章制度、账目制度、编目制度、档案制度等方面详细规定了中小学图书馆（室）如何进行文献信息管理。该规程全文详见附录一。

（二）读者需求

读者需求也是中学图书馆制定馆藏发展政策的重要依据，馆藏发展政策要满足中学图书馆读者需求。中小学图书馆要从学校实际情况出发，制定符合本校、本馆发展特点的馆藏制度。中学图书馆的读者群体以在校学生和教师为主，初、高中年龄段的学生对于文献信息资源的需求与成年人有很大不同。只有在充分了解学生需求的基础上，才能制定合理的馆藏发展政策。了解读者需求的方法参见前文第二章第三节。

（三）馆藏发展的基本原则

1.系统性原则

对于中学图书馆而言，馆藏建设的系统性原则应该重点关注这几个方面：根据学校教育教学需求制定馆藏发展总体规划，不同类型的馆藏资源应保持合理的比例结构并稳定持续增长，特色馆藏和校本资源应该尽可能进行持续性建设，与中学图书馆核心职能密切相关的连续出版物、丛书、工具书等应尽可能完整收藏。

2. 多元化原则

多元化体现在以下几个方面：一是类型多元，除了纸质书报刊之外，需要采访建设各种类型的数字资源、音像资源以及校本资源等；二是内容多元，除了教师教学参考文献资源、学生学习参考资源，还应该提供各类拓宽学生视野的资源，并且应该兼顾各个学科领域。

3. 特色化原则

中学图书馆馆藏文献资源不仅代表着一座图书馆的历史和精神内涵，更能体现一所学校的校园文化和师生的品位素养，因此在进行文献资源建设时，须考虑学校的文化内涵和教育特色，考虑学校和图书馆的独特风格。特色馆藏包括本馆所藏古籍文献和民国文献，优秀校友赠书或优秀校友出版图书，本校教师、学生出版图书，能够体现学校特色文化的文献资源。

案例：天津市耀华中学图书馆的系列图书专架

> 天津市耀华中学图书馆在馆藏建设中注重特色化原则，现已建成"习近平总书记图书专架""耀华中学党建图书专架""耀华中学院士图书专架""耀华中学杰出校友图书专架""耀华中学校本教材专架""耀华中学思政教育图书专架""耀华中学学习周恩来精神图书专架""耀华中学外文文献图书专架""耀华中学工具书图书专架"等。

三、馆藏发展政策的内容

馆藏发展政策一般包含以下内容：政策制定目的、图书馆任务与服务对象、馆藏范围、经费来源与分配、各类型资料搜藏政策、采访途径、馆藏评鉴、馆藏淘汰、馆际合作、馆藏发展政策制定与修订的相关说明等[①]。

（一）藏书收集范围

馆藏发展政策中应该对馆藏收集范围、重点、各类馆藏比例等进行明确

---

① 张新兴,肖希明.台湾地区大学图书馆馆藏发展政策研究[J].大学图书馆学报,2011（2）:49-55.

规定。对于中学图书馆，可以大致规定如下：

1. 图书。以纸质图书为主，选择性地采购电子图书。

2. 连续出版物。以学科教学、学校德育管理和拓展阅读面的人文与科普期刊为主，兼顾其他。

3. 影像资料与录音作品。以图书附件、专题影像、录音资料为主。

4. 教材，即学生使用教材版本及参考用书。

5. 校本资源。包括：学校教师在教学和德育工作中自主开发的课程资源，如课件、校本课程、微课、试卷等；学生在学习中创作的作文集、班刊、级刊等。

（二）采访原则

中学图书馆藏书应该坚持以读者需求为导向，重点在流通，兼顾藏书功能，藏书范围结合中学生特点及学校教育教学需求来确定。为了实现这一目标，馆藏发展政策应该从复本、语言、版本等三个方面确立采访的基本原则。

1. 复本。中学图书馆藏复本一般为 2—5 本，有特殊情况的复本要求除外。

2. 语言。以汉语文献为主，兼顾英语文献读物，外语特色学校根据学校特色确定。

3. 版本。如果同一个文献既有精装本又有简装本，优先考虑简装版本。如果同一种文献有多个版本，可根据出版社或者译者的权威性来选择。

（三）采访标准

在总的图书馆采访标准之下，制定不同类型藏书的采访标准。

1. 纸质图书重点关注图书的质量与价格，并将出版社的新书目录、读者荐购、网站排行榜或新媒体荐购相结合，选择适合读者阅读的图书。

2. 电子资源的采访标准需要从内容、技术参数、操作方便程度、费用和许可协议等方面综合考虑。

3. 连续出版物的采访标准主要考虑学科教学与读者兴趣爱好相结合，教师专业成长需求与学生视野拓展相结合。同时应注意几个原则：

（1）适当增加语、数、英等大学科所占比重，其他小学科或者非中

（高）考科目学科比重比例相对较小。

（2）教育德育管理相关文献采访以教育德育前沿发展为主，兼顾案例。

（3）拓展学生阅读视野、提升素养的文献要从可读性角度出发，兼顾人文和科普。

4.影像资料与录音作品的采访主要以图书附件和专题资料为主，特别是专题影像资料的采访，要坚持与课程深度融合的原则，同时兼顾学生社团、选修课程开设所需影像资料。

5.随着新课程改革的不断深入，初高中教材不断地变换版本，教材采访的标准要完整展现课程随着课标变化的轨迹，同时完整记录保存各时间段学科教材。

6.校本资源的采访以记录学生成长、学校发展为主，正式出版物和非正式出版物都应收录，图书馆应该确立校本资源的校内呈缴制度。校本资源的校内呈缴制度最好在全校大会通过，呈缴制度中应明确规定如何对呈缴者进行鼓励与表彰。

（四）采访级别

文献收藏等级一般来说可分为四级。

1.基础级：收藏某一学科领域非常基础的著作。

2.支持级：为了支持教学，收藏与课程教学紧密相关的文献。

3.研究级：为了支持学生研究性学习及教师教育教学研究而采访相关文献。

4.全面级：在明确限定学科领域中尽量收集所有可利用的、一切记录知识的重要作品。

对于大部分中学图书馆来说，采访级别通常分为基础级、支持级和研究级。

（五）采访细则

采访细则是对图书馆工作的具体指导，能够有效地减少工作人员的盲目性和主观随意性。对每一种藏书范围，都应该结合采访原则制定相应的采访细则。

（六）采访计划

应制定阶段性或长期采访计划。阶段性采访计划，以年度或者学期为周期，按照《中小学图书馆（室）规程》文件精神，每年至少生均新增图书一册。确定文献采购总数后，再根据馆藏种类，确定采购方向。同时，根据教育教学需求制定相应的电子资源和数据库采购计划。长期采购计划以《中小学图书馆（室）藏书量》《中小学图书馆（室）藏书分类比例表》和教育部编制的《2019年全国中小学图书馆（室）推荐书目》为主要参考依据，根据本馆情况，制定详细的采购计划。

第二节　馆藏类型及选择标准

随着科学技术的发展日新月异，传播知识信息的手段除了纸质图书和报刊外，音像出版物、电子出版物、网络出版物等也逐渐产生和发展起来。一般来说，中学图书馆馆藏习惯按照以下五种类型划分，即图书、报刊、工具书、数据库和其他五个大类。

一、图书

图书是用文字、图画或其他符号，在纸张等载体上记录各种知识、思想和技艺，并且制装成卷册的出版物[①]。与其他出版物相比，图书的主要特点是：内容比较系统、全面、成熟、可靠；出版周期较长；传递信息速度较慢。

中学图书馆图书选择标准一般可参考以下几个方面：主要图书类型、主要图书奖项、推荐书目、出版社等。

---

① 中国大百科全书编委会.中国大百科全书:第22册[M].2版.北京:中国大百科全书出版社,2009:3.

（一）参考主要图书类型选书

按照教育部 2018 年颁布的《中小学图书馆（室）规程》①规定，中学图书馆藏书主要以社会科学类（54%）和自然科学类图书（38%）为主。事实上，中学图书馆也更多地选择这两个大类别的图书。其中又以文学类图书、科普类图书和传记类图书为主。

1. 文学类图书

优秀的文学作品形象地再现人类的真善美，在愉悦读者的同时，也给人以美的熏陶。阅读文学作品，是当代中学生提高阅读能力的重要途经。中学图书馆馆藏应该包括各种经典文学作品，同时还应该对青少年文学作品予以特别关注。

青少年文学（Young Adult Literature）是主要针对 13—17 岁青少年创作的文学作品。青少年文学作品主要包括成长小说、科幻小说、历史小说等类型。

（1）成长小说

成长小说是以 10—17 岁青少年在成长过程中的生理、心理和个人体验为内容的小说②。优秀的成长小说在表现主人公重要生活经历和由此产生的认知感悟时，往往以特殊的、个性化的方式让这些经历和感悟促进人物的认知发展。成长小说关注的是青少年走向成年的过渡阶段，关注的是青少年成长过程中的各种问题。书籍提供的间接经验和移情体验，不仅有助于青少年认知社会问题，也在一定程度上为他们在将来的生活中遭遇类似问题提供必要的心理准备和经验参考③。成长小说题材多样，涉及社会生活和青少年成长的方方面面，包括学校教育、家庭教育、单亲家庭、青少年友谊、生存技能、离家出走、种族歧视、宗教情结、生态环保等。

（2）科幻小说

科幻小说是舶来品，英文为 Science Fiction 或者 Scientific Fiction，翻译

① 教育部.教育部关于印发《中小学图书馆（室）规程》的通知[EB/OL].（2018-05-28）[2022-09-30].http://www.gov.cn/zhengce/zhengceku/2018-12/31/content_5443386.htm.

② 燕秀丽.近三十年中国儿童成长小说论[D].青岛:中国海洋大学,2000:8.

③ 芮渝萍,范谊.成长的风景——当代美国成长小说研究[M].北京:商务印书馆,2017:32.

为"科学幻想小说"，简称"科幻小说"，是以小说的表现形式，在科学现实的基础上，对科学未来的发展进行幻想性描述，以预言人类社会的各种可能性。

科幻小说的特点是科学性和幻想性。科学是科幻小说的前提，科幻小说是在科学的延长线上展开的一种可能性的虚构，未来可能成真。科幻小说和幻想小说的特点都包括幻想性，但是二者幻想指向有所不同。科幻小说的幻想基本排除了超自然因素，建立在现代科学假设的基础上，建立在一种可望实现、可待应用的可能性上，具有预言情结的科幻小说是面向未来的。幻想小说虽然不反对科学，但是它的想象力并不与科学理性联姻，在超越现实世界时，凭借的是超自然的想象力。另外，与科幻小说指向未来的预言性思维方式相反，幻想小说往往把读者思绪引向对过去时代的缅怀。

目前主流的分类是把科幻作品分为两大类：硬科幻和软科幻。硬科幻是从科学到幻想，首先奠基在科学理论和技术实践上，然后通过丰富的想象，以求达到可能延伸的新领域，以儒勒·凡尔纳（Jules Gabriel Verne）为代表。软科幻是从幻想到科学，从幻想开端，离开创作时代的科学知识，但是借用科学背景来描述故事，以赫伯特·威尔斯（Herbert George Wells）为代表。凡尔纳的科幻小说重在对未来科学技术达到的境界进行展望，具有较强的科学预见性，并且对科学给人类社会带来的进步怀着乌托邦式乐观主义情绪。威尔斯的科幻小说重在通过科学幻想表现人类社会面临或可能面临的问题，对人类未来怀着忧虑和不安的情绪。

（3）历史小说

历史小说是对和现代不同的某一时代、某一时期的生活进行重新建构的作品，它将选取的时代（时期）的精神、氛围、情感进行写实式的再现[①]。历史小说需要将历史和文学、事实与虚构进行充分的结合。

进入 20 世纪后，专为儿童和青少年创作的历史小说取得了较大的发展和成就。美国图书馆协会所颁发的纽伯瑞奖（Newbery Medal）的获奖作品

---

① B. 杰克布斯观点。转引自：朱自强. 儿童文学概论［M］. 上海：华东师范大学出版社，2021:277.

中也经常出现历史小说，比如《数星星》，这部小说以二战时欧洲被纳粹占领为背景，描写了一个 10 岁女孩在战争中的成长。近年来，中国原创历史小说也涌现出了相当多的优秀作品，如《将军胡同》(史雷)、《雪落北平》(王苗) 等。这些优秀的历史题材小说，通过孩子的视角，让读者与真实的历史时代、历史人物和生活产生共鸣，从而让他们更真切地去了解历史，思考历史与今天、未来的关系，有助于青少年树立正确、客观的历史观和世界观。

2. 科普类图书

科普图书有广义与狭义之分。狭义的科普图书是指关于自然科学知识的通俗读物，如天文、地理、物理、化学之类；广义的科普图书在此基础上，还包括各类实用技术类图书，部分社会科学和人文学科方面的普及性图书，以及涉及人们日常生活的各类知识性图书。科普类图书是中学生的重要读物，对激发阅读兴趣、开阔视野、学习科学知识以及形成科学的世界观具有重要意义。

科普图书应该达到如下要求：准确；语言简洁清晰；区分事实、理论和观点；内容按照从已知到未知，从一般到具体的顺序排列，从而帮助青少年读者理解概念并进行分析。

3. 传记类图书

传记是将历史上实有的，在某个方面为社会做出贡献的人物的一生以故事叙述的形式表现出来的文学读物[①]。传记作品有助于丰富读者的社会阅历，提高其思想水平和文学修养，对引导读者形成正确的人生观和价值观，具有重要意义。

传记一般要求真实性。真实性是指所写的主要人物和事件必须符合史实，不允许虚构。在局部细节和次要人物上则可以运用想象或夸张手法，进行一定的艺术加工，但这种加工必须符合人物性格和生活特定逻辑。

---

① 朱自强.儿童文学概论[M].上海:华东师范大学出版社,2021:296.

（二）参考主要奖项选书

1. 中国出版政府奖

中国出版政府奖是由国家新闻出版署主办的全国性奖项。该奖项于 2007 年开始评选，每 3 年评选一次，旨在表彰和奖励国内新闻出版业优秀出版物、出版单位和个人。中国出版政府奖下设图书奖，期刊奖音像制品、电子出版物和网络出版物奖，印刷复制奖，装帧设计奖，先进出版单位奖，优秀出版人物奖 7 个子项。至 2021 年已评选五届。2021 年第五届中国出版政府奖获奖名单见表 3-1。

表 3-1　2021 年第五届中国出版政府奖获奖名单

书名	出版单位	奖项
习近平谈治国理政（第一、二、三卷）	外文出版社	荣誉奖
中国共产党简史	人民出版社、中共党史出版社	荣誉奖
辞海（第七版）	上海辞书出版社	荣誉奖
习近平新时代中国特色社会主义思想学习纲要	学习出版社、人民出版社	图书奖
马克思主义大辞典	崇文书局	图书奖
习近平的七年知青岁月	中共中央党校出版社	图书奖
新中国 70 年	当代中国出版社	图书奖
伟大历程　辉煌成就——庆祝中华人民共和国成立 70 周年大型成就展（全三册）	中国市场出版社	图书奖
毛泽东读书笔记精讲（全四册）	广西人民出版社	图书奖
中国人民解放军战史丛书（14 册）	解放军出版社	图书奖
……		

注：因篇幅关系，第五届中国出版政府图书奖 60 种只列出部分，详见官方网址。国家新闻出版署关于表彰第五届中国出版政府奖获奖出版物、出版单位和出版人物的决定 [EB/OL].（2021-07-29）[2022-09-30].https://www.nppa.gov.cn/nppa/contents/279/76773.shtml.

2. 中华优秀出版物奖 ①

中华优秀出版物奖由中国出版协会设立于 2006 年，设图书奖，音像、电子和游戏出版物奖，优秀出版科研论文奖三个子项奖，奖励数额共计 160 个。其中，图书奖获奖数额 50 个，音像、电子和游戏出版物奖获奖数额 50 个，优秀出版科研论文奖获奖数额 60 个。中华优秀出版物奖每两年评选一次，三个子项奖同时评出，同时颁奖。

3. 文津图书奖

文津图书奖设立于 2004 年，是由国家图书馆发起、全国图书馆界共同参与的公益性图书评奖活动。参评图书分为社科类、科普类和少儿类 3 类，评选范围是上一年度 1 月 1 日至 12 月 31 日（以版权页记载时间为准），由国家出版行政管理部门批准成立的出版机构在国内正式出版、公开发行（包括限国内发行）的汉文版图书，不包括重印本和已获过文津图书奖的再版图书。该奖项每年举办一次。

2022 年第十七届文津图书奖获奖图书

《许渊冲百岁自述》 许渊冲著，华文出版社

《诗仙　酒神　孤独旅人：李白诗文中的生命意识》 詹福瑞著，生活书店出版有限公司

《红船起航》 丁晓平著，浙江教育出版社

《仅此一生：人生哲学八讲》 何怀宏著，广西师范大学出版社

《武则天研究》 孟宪实著，四川人民出版社

《价格革命：一部全新的世界史》 ［美］大卫·哈克特·费舍尔著，X. Li 译，广西师范大学出版社

《法治的细节》 罗翔著，云南人民出版社

《一个人最后的旅程》 ［日］上野千鹤子著，任佳韫、魏金美译，陆薇薇译校，浙江大学出版社

---

① 历届获奖作品详见中国出版协会网站（http://www.pac.org.cn）。

《置身事内：中国政府与经济发展》 兰小欢著，上海人民出版社

《月背征途：中国探月国家队记录人类首次登陆月球背面全过程》 北京航天飞行控制中心著，北京科学技术出版社

《山川纪行：臧穆野外日记》 臧穆著，江苏凤凰科学技术出版社

《动物去哪里》［英］詹姆斯·切希尔、奥利弗·乌贝蒂著，谭羚迪译，湖南美术出版社

《元素与人类文明》 孙亚飞著，商务印书馆

《脚印》 薛涛著，［英］郁蓉绘，安徽少年儿童出版社

《风雷顶》 刘海栖著，四川少年儿童出版社

《身体的秘密：从细胞到不可思议的你》［荷］扬·保罗·舒腾著，（荷）弗洛尔·李德绘，张佳琛译，人民文学出版社

《太阳和蜉蝣》 汤汤著，大面包绘，浙江少年儿童出版社

《我说话像河流》［加］西德尼·史密斯文，［加］乔丹·斯科特图，刘清彦译，北京联合出版公司

《树孩》 赵丽宏著，长江文艺出版社

4.诺贝尔文学奖

诺贝尔文学奖是根据瑞典化学家诺贝尔遗嘱要求设置的诺贝尔奖中的一个奖项，始设于 1900 年，首次颁发于 1901 年，为国际文学界最高荣誉奖项。

2019—2021 年诺贝尔文学奖得主及其代表作

2019 年得主彼得·汉德克（Peter Handke），奥地利小说家、剧作家，代表作:《骂观众》《无欲的悲歌》等。

2020 年得主露易丝·格丽克（Louise Glück），美国女诗人，代表作:《头生子》《下降的形象》《阿勒山》等。

2021 年得主阿卜杜勒扎克·古尔纳（Abdulrazak Gurnah），坦桑尼亚作家，代表作:《天堂》《沙漠》《海边》等。

5. 国内主要文学奖项

（1）茅盾文学奖

茅盾文学奖是由中国作家协会主办，根据茅盾先生遗愿，为鼓励优秀长篇小说创作、推动中国社会主义文学繁荣而设立的，是中国具有最高荣誉的文学奖项之一。该奖项每四年评选一次。第九届（2011—2014）获奖作品包括格非的《江南三部曲》、王蒙的《这边风景》、李佩甫的《生命册》、金宇澄的《繁花》和苏童的《黄雀记》。

（2）鲁迅文学奖

鲁迅文学奖是以鲁迅先生命名的文学奖项，创立于1986年。鲁迅文学奖是中国具有最高荣誉的文学奖之一，旨在奖励优秀中篇小说、短篇小说、报告文学、诗歌、散文杂文、文学理论评论的创作，奖励中外文学作品的翻译，推动中国文学事业的繁荣发展。鲁迅文学奖各单项奖每两年评选一次，每四年评选一次鲁迅文学奖大奖，将选出该评奖年度里某一文学体裁中思想性艺术性俱佳的作品。鲁迅文学奖的单项奖包括以下各奖项："全国优秀中篇小说奖""全国优秀短篇小说奖""全国优秀报告文学奖""全国优秀诗歌奖""全国优秀散文、杂文奖""全国优秀文学理论、文学评论奖""全国优秀文学翻译奖"。

6. 国外主要文学奖项目简介

（1）卡夫卡奖

为了纪念卡夫卡的文学贡献，捷克布拉格市政府与布拉格卡夫卡协会于2001年共同设立此奖项，虽然此项文学奖没有国籍限制，但必须要有一部作品被翻译成捷克语才能参选。阎连科是目前唯一获此奖的中国籍作家。

（2）布克奖

英国布克奖创立于1969年，现在已经成为具有世界影响的文坛大奖。中国读者熟悉的维迪亚达·苏莱普拉萨德·奈保尔（Vidiadhar Surajprasad Naipaul）、伊恩·麦克尤恩（Ian McEwan）都曾获得过此奖，《辛德勒的名单》《英国病人》《少年Pi的奇幻漂流》都曾榜上有名。

（3）普利策小说奖

普利策小说奖创立于1984年，是美国重要的文学奖项，曾有很多著名作家获得过该奖项，包括辛克莱·刘易斯（Sinclair Lewis）、赛珍珠（Pearl

S. Buck）、海明威（Ernest Miller Hemingway）、威廉·福克纳（William Faulkner）、约翰·史坦贝克（John Steinbeck）、索尔·贝娄（Saul Bellow）、托妮·莫里森（Toni Morrlson）等诺贝尔文学奖得主，获奖作品包括《纯真年代》《飘》《老人与海》《愤怒的葡萄》《杀死一只知更鸟》等经典名著。

（4）美国国家图书奖

该奖项设立于1950年，主要分为小说、非小说、诗歌、青年文学。每种类型中，最终的获奖者将得到一万美元的奖金和一尊铜像。菲利普·罗斯（Philip Roth）、苏珊·桑塔格（Susan Sontag）、乔纳森·弗兰岑（Jonathan Franzen）、威廉·福克纳等作家曾获此殊荣。

7. 主要科幻小说奖项

（1）中国科幻银河奖

中国科幻银河奖设立于1986年，由《科学文艺》（后改名为《科幻世界》）、《智慧树》两家科普刊物联合举办，《智慧树》停刊后，由《科幻世界》独家举办。中国科幻银河奖颁奖大会每年举办一次，是中国幻想小说界的重要奖项。

2021 年第 32 届中国科幻银河奖（与图书相关奖项）获奖名单

最佳长篇小说奖:《穿越土星环》 谢云宁著

最佳网络科幻小说奖:《我们生活在南京》 天瑞说符著

最佳原创图书奖:

　　《想象是灵魂的眼睛》 刘慈欣等著

　　《星云 X: 忐弥斯》 江波等著

最佳引进图书奖:

　　《紫与黑: K. J. 帕克短篇小说集》［英］K. J. 帕克著，沈恺宇等译

　　《惊奇: 科幻黄金时代四巨匠》［美］亚历克·内瓦拉－李著，

孙亚南译

最佳相关图书奖:

　　《星渊彼岸》 赵恩哲著

　　《神圣入侵: 菲利普·迪克的一生》［美］劳伦斯·萨廷著，

陈灼译

最佳翻译奖：

《星髓》［美］罗伯特·里德著，加耶译

《神圣入侵：菲利普·迪克的一生》［美］劳伦斯·萨廷著，

陈灼译

（2）雨果奖

雨果奖是世界科幻协会（World Science Fiction Society，WSFS）所颁发的奖项，自1953年起每年在世界科幻大会（World SF Convention）上颁发，正式名称为"科幻成就奖"（The Science Fiction Achievement Award），为纪念"科幻杂志之父"雨果·根斯巴克（Hugo Gernsback），命名为雨果奖。中国作家刘慈欣的《三体》、郝景芳的《北京折叠》曾获得该奖项。

（3）星云奖

星云奖（Nebula Award）是美国科幻和奇幻作家协会（Science Fiction and Fantasy Writers of America，SFWA）所设立的奖项，首创于1965年，每年度由该协会评选和颁发。其奖金来源以出版年度获奖作品的收益为基础，奖杯则是一个由透明合成树脂制成的螺旋星云——这个奖项也因此而得名。星云奖评选范围仅限于在美国出版或发表的科幻与奇幻作品。

8. 主要传记文学奖项

（1）中国传记文学优秀作品奖

中国传记文学优秀作品奖是为表彰优秀传记文学作品、推动传记文学事业的繁荣和发展而设立的专项奖项，由老一辈革命家、文学家刘白羽、林默涵等人发起设立，中国传记文学学会负责评选，每五年评选一次，下分长篇、中篇、短篇、翻译、理论研究与特别推荐几类。

（2）普利策传记奖

普利策传记奖作为美国约瑟夫·普利策（Joseph Pulitzer）的七项文学艺术奖之一，于1917年根据美国报业巨头约瑟夫·普利策的遗愿设立，由哥伦比亚大学组织评选，颁发给传主为美国人的优秀传记作品，每年颁发一次，奖励一部作品。

2018—2019 年普利策传记奖获奖作品

> 2018 普利策传记奖获奖作品：《草原之火：劳拉·英格尔斯·怀德的美国梦》（*Prairie Fires: The American Dreams of Laura Ingalls Wilder*） 卡罗琳·弗雷泽（Caroline Fraser）著
>
> 2019 普利策传记奖获奖作品：《新黑人：阿兰·洛克的一生》（*The New Negro: The Life of Alain Locke*） 杰弗里·C. 斯图尔特（Jeffery C. Stewart）著

（三）参考推荐书目选书

目前各种推荐书目繁多，可选择教育主管部门的推荐书目、权威机构编写的推荐书目、名家推荐等作为参考。

1.《中学生阅读行动指南》

由中国教育学会中学语文教学专业委员会、北京大学语文教育研究所、北京语言大学、《中国教育报》、商务印书馆于 2013 年 4 月 23 日联合发布。该书目分初中和高中两部分，涉及文学、历史、哲学、自然科学、社会科学、艺术、博物等七大领域，每个领域又分为基本书目和拓展书目，共计153 本。初中部分的基本书目包括《中国神话传说》《唐诗三百首详析》《上下五千年》《人类群星闪耀时》《论语注译》《科学的旅程》等，高中基本书目则有《百年孤独》《边城》《呐喊》《全球通史》《万物简史》《牛奶可乐经济学》等，都是相当有分量和代表性的作品。

2.《中国人阅读书目》（初中生版、高中生版）

《中国人基础阅读书目》由新阅读研究所、中国教育学会副会长朱永新联合北京十一学校联盟总校李希贵校长共同研制，于 2014 年 9 月发布，由中国人民大学出版社出版，分别面向幼儿、小学生、初中生、高中生和大学生，提供基础阅读书目和导赏。每个阶段均采取"30+70"的方式选书，即 30 种基础阅读书目 +70 种推荐阅读书目。初中生基础阅读书目有《唐诗三百首》《水浒传》《三国演义》《朝花夕拾》等 30 种，拓展书目有《飘》《骆驼祥子》《浮生六记》等 70 种。高中生基础阅读书目有《宋词三百首》

《古文观止》《红楼梦》《苏东坡传》等30种，拓展书目有《庄子》《人间词话译注》《诗经选》《乡土中国》等70种。

（四）参考出版社选书

尽管优质图书和知名出版社不能完全等同，一些不知名的出版社也会出版优质图书，而知名出版社所出图书也不是部部精品，但是相对而言，一些比较知名的出版社或者大社，出版优秀作品的概率较大。下列出版社可以重点参考（排名不分先后）：

1. 人民文学出版社

该社系专业文学出版机构，以出版文学类经典名著见长，已出版中国当代优秀文学作品、现代文学史上影响较大的文学作品、优秀古典文学作品、世界各国有代表性作品的中译本以及文学理论、高校文科教材、人文科学著作等各种图书万余种。

2. 商务印书馆

该社以语言类工具书与社科类翻译图书为主。代表性出版物有《辞源》、《新华字典》、《现代汉语词典》、《牛津高阶英汉双解词典》、"汉译世界学术名著丛书"、"中华现代学术名著丛书"等。

3. 外语教学与研究出版社

该社简称"外研社"，主要以普及我国外语教育和提升国民外语素养为目的，以出版大学英语教材、中小学英语教材和一般外语类图书为主，如《许国璋英语》、《新概念英语》、《书虫》等。

4. 中华书局

该社以出版中华优秀传统文化多层次产品为主，包括教材、学生读物、工具书、国学大众普及读物、学术著作、古籍整理等著作。如"中华经典名著"全本全注全译丛书、《论语译注》、《唐诗三百首》等。

5. 译林出版社

该社以外国文学作为主要出版方向，代表作有"经典译林"系列丛书、《教父》、《沉默的羔羊》、《老人与海》、《海底两万里》等。

6. 长江文艺出版社

该社以国内文学作品出版为主，出版了一大批文学畅销书，如《二月河文集》《跨世纪作家文丛》《活着》《狼图腾》《一句顶一万句》《张居正》《远去的驿站》《中国新诗库》《中国新诗百年大典》《雪祭》《致教师》《焰火》等。

7. 中信出版集团

中信出版集团（原中信出版社）以出版财经类的大众畅销书见长，出版图书主要涵盖财经、人文社科、时尚、生活、科技等领域。代表作品有《世界因你而不同》、"知日"系列、《乔布斯传》、《人类简史》、《从 0 到 1》等。

8. 作家出版社

该社以中国文学主流作家为出版依托，出版当代名家名作，周国平、王蒙、巴金、贾平凹、莫言等都有代表作品在该社出版，代表作品有《妞妞：一个父亲的札记》《秦腔》《文化苦旅》《陆犯焉识》等。

9. 北京师范大学出版社

该社主要以学前教育、基础教育、职业教育、高等教育、教师教育等领域教材、图书为主。主要代表作品有《走向新课程》《新课标解读》《中国教育通史》《学校诊断》等。

10. 华东师范大学出版社

该社出版物主要由教材、学术著作、社会读物构成，重点推荐其子品牌"大夏书系"系列图书，它是学校教师关注教育教学理论、课堂管理、学科教学、学校管理、教学实践图书的主要获取途径。该社代表作品主要有"奥数教程"系列图书、《给孩子的数学实验室》、《教育的细节》等。

案例：天津市耀华中学图书馆选书、审核的"四大原则"

1. 大出版社：著名、知名、在出版界广受赞誉的出版社。

2. 大书店：当地规模大、品种全、图书质量高、有信誉的新华书店、图书大厦或购书中心。

3. 参考大书目：参考大学书目、知名中学书目、国家级获奖书目（国家图书奖、文津图书奖、茅盾文学奖、《中华读书报》年度十佳图书等）、参考大型读书网站年度推荐书目、《中学生阅读行动指南》等。

4.重点核查相关大类图书：选书后重点逐本核查B（哲学、宗教）、C（社会科学总论）、D（政治、法律）、I（文学）四大类图书。

二、报纸期刊

（一）报纸

报纸是以刊载新闻和时事评论为主要内容，定期向公众发行的印刷型出版物，是出版周期较短的连续性出版物①。其主要特点是：传递信息快，信息量大，现实感强，具有宣传、报道、评论、教育、参考、咨询等社会功能。

近年来，报纸受网络媒体的影响较多。一方面，很多报纸不断地缩减版面或者直接停止发行；另一方面，读者更多地通过网络和手机等方式获取资讯，阅读报纸的读者越来越少，这些因素都影响了图书馆报纸采访。中学图书馆选择的报纸一般有以下几种类型：

1.党政机关报纸，了解党政相关政策及时事动态的权威来源，如《人民日报》《中国教育报》等；

2.新闻类日报、晨报或者晚报，它是了解本地新闻的窗口，如《广州日报》《潇湘晨报》等；

3.学习类报纸，如《21世纪英文报》《电脑报》《语文报》《现代中小学生报》等；

4.兴趣爱好类报纸，如《体坛周报》等；

5.文摘类报纸，如《新华文摘》《广州文摘》等。

（二）期刊

期刊，也称为杂志，是有固定名称、定期或按宣布期限出版，并计划无限期出版的一种连续性出版物。其主要特点是：定期连续出版，有出版序号；有长期固定统一的刊名；开本、篇幅、栏目等基本稳定；内容新颖，时

---

① 中国大百科全书编委会.中国大百科全书[M].2版.北京:中国大百科全书出版社,2009:99.

效性强；信息量大，作者众多①。期刊的种类很多，中学图书馆所选择的期刊主要有以下几类（按内容划分）：

1. 学科（教学）类

这类是指以交流学术研究和技术成果为目的，主要发表学术论文、科技报告、实验报告等原始文献的期刊。例如《语文学习》《中学语文教学》《中学语文教学参考》《中学外语教与学》《英语世界》《地理教学》《中学物理教学参考》等。

2. 科普类

这类是指以普及科学知识为目的，以青年学生和业余科学爱好者为主要对象出版的期刊。其内容具有通俗性和趣味性等特点。例如《科幻世界》《天文爱好者》《我们爱科学》《太空探索》等。

3. 文学艺术类

这类是指以刊载文学艺术类的作品为主的期刊，例如：以发表小说为主的有《人民文学》《收获》《花城》《小说月报》等，刊载其他艺术门类作品的有《中国书法》《电影艺术》《音乐研究》《摄影世界》等。

4. 时事政治类

这类是指以传递国际国内新闻、宣传报道政府政策为主的期刊。例如《时事资料手册》《半月谈》等。

5. 其他类

包括休闲性、趣味性、知识性、时尚性等方面的期刊，这类期刊的内容范围广泛。例如《读者》《知音》等。

三、工具书

工具书是指供查找和检索知识和信息用的图书。因一般不以提供系统阅读为目的，而是作为在需要时查考和寻检知识使用的辅助工具，故称为工具书。其主要特点是：内容概括，信息密集，在体例结构及编排上更多地考

---

① 中国大百科全书编委会.中国大百科全书[M].2版.北京:中国大百科全书出版社,2009:484.

虑到寻检查阅的方便等。常见的形式有字典、词典、百科全书、年鉴、手册、名录、表谱、地图、书目、索引等[①]。"工欲善其事，必先利其器"，工具书是学海求知的利器，是"教科书的教科书"。中学图书馆常备的工具书有：

（一）字典词典类

主要包括商务印书馆出版的《新华字典》《新华成语词典》《现代汉语词典》《古汉语常用字字典》《古代汉语词典》《成语大词典》《简繁字对照字典》《中学古诗文知识手册》《牛津高阶英汉双解词典》《牛津英语语法教程》，上海辞书出版社出版的《唐诗鉴赏辞典》《中国历史大辞典》，山西教育出版社出版的《数学辞海》，化学工业出版社出版的《化学辞典》等。

（二）百科全书类

主要包括《中国大百科全书》《中国儿童百科全书》《中国儿童地图百科全书》《中国非物质文化遗产百科全书》。

（三）名录类

中学图书馆可以适量采购一些名录类馆藏，如《第一批国家级非物质文化遗产名录图典》《第二批国家级非物质文化遗产名录图典》。

四、数字资源

因中学图书馆文献采购经费有限，数字资源的采购应以实用为最主要原则，采购满足大部分人需求的数据库即可。近年来，许多数据库商相继建立中小学图书馆版数据库，这就需要在对教师和学生读者需求进行调研的情况下，选择适宜的数字资源。中学图书馆采购的数字资源有三种类型。

一是学术文献数字资源。用户在撰写论文、进行课题研究或发表论文时需要查找论文、博硕士学位论文、专利、会议资料等，为满足这方面的需求，可购买中国知网、万方数据等。

二是网络教学资源。学科老师开展教学工作，需要获取课件、试题、微

---

① 中国大百科全书编委会.中国大百科全书[M].2版.北京:中国大百科全书出版社,2009:490.

课等网络资源。图书馆可从学科网、第二教育网、高考资源网等网站购买这些网络教学资源。

三是网络课程资源。可购买有助于提升学生科学及文化素养的课外选修慕课课程，如尔雅选修课。

五、校本资源

校本资源是为满足本校师生教学需求而由本校师生共同建设的本土化的教育教学资源。

（一）校本资源收集的范围

校本资源不仅是教师教育教学所需资源的主要来源，还是学校文化的主要载体以及区别于其他学校的特色资源所在。中学图书馆校本资源的收集要根据学校自身情况进行权衡，协同其他部门，特别是教务处、德育处、办公室等，商定校本资源收集的方式方法。一般来说，中学图书馆校本资源收集主要包含校报、校刊、学科研究性学习读物、自编教材、自编教辅、学期中或者学期末试卷、校级以上联盟考试试卷、教学或德育论文集、案例集、在校学生或在职教师正式出版物、校友或退休教师正式出版物等。

（二）校本资源的管理

校本资源收集后要进行有效的管理。这既是对学校特色资源的保存，也为学校读者的查阅获取以及学校之间的交流访问提供文献资源支持。针对不同的资源类型，应该采取不同的管理方式。

（1）校本资源中电子资源的管理，应该建立统一的、分类清晰的基于校内 FTP 或云盘的管理平台，方便教师上传或下载所需的电子资源。

（2）校本资源中正式出版物的管理，应按《中国图书馆分类法》进行分类，按专题集中排架。

（3）校本资源中其他实体资源的管理，校报按照出版日期排序装订，试卷按照学年度、学科分类装订，其他灰色出版物根据馆藏分类体系，设置一个特定的分类号，每本出版物仿 ISBN 编制一个校内出版号，进行统一管理。如广州大学附属中学图书馆将灰色出版物赋予"G6-0/"的分类号，仿 ISBN 编制的校内出版号"20220407"，其中 2022 代表年份，04 代表出版月份，07 代表全年第几本。

第三节 采访

采访是中学图书馆工作必不可少的环节之一，也是文献信息资源建设的重要环节。图书采访不仅直接影响图书馆藏书的数量与质量、读者人数、读者需求的满足程度、图书馆的工作流程与社会效益，还是评价图书馆价值、管理成效的重要方面之一[①]。

一、采访的经费来源

中学图书馆图书采访的经费主要来源于学校办公经费采购、图书采购专项、捐赠等。

学校办公经费采购是指从学校每年办公经费中拨出一部分款项用来采购图书，金额不固定，一般看学校财力情况，也有地市教育局文件对办公经费用于采购图书的金额有要求，如广州市教育局明文规定"图书采购、实验器材及其他教学用品的采购金额不低于学校当年办公经费的 10%"，但是没有规定三项分别所占比例，这也会导致学校用于采购图书的办公经费不能得到保障。

图书采购专项是指由学校向上级财政部门申请的图书采购专门项目，一般用于新校区新图书馆的建设，根据学校发展需要及图书馆建设标准，申请专门经费用于图书采购。

捐赠是指关心学校发展、图书馆建设的社会人士、校友等对学校图书馆的捐赠，有直接捐赠图书的形式，也有捐款指定进行图书采购。

---

① 黄宗忠.论图书采访学[J].图书馆,1997(4):1-9.

二、纸质图书采访流程

（一）确定采购途径

1. 招标采购

招标采购是指按照《中华人民共和国政府采购法》第二十六条进行的采购。政府采购采用以下方式：公开招标、邀请招标、竞争性谈判、单一来源采购、询价、国务院政府采购监督管理部门认定的其他采购方式。以上六种方式都称之为招标采购。

当年度图书采访经费总和超过政府集中采购限额标准，根据《中华人民共和国采购法》必须实行政府采购，委托集中采购机构组织实施。采购限额标准以各地市财政要求文件为准。如根据《广州市政府集中采购目录及采购限额标准（2018 年）》规定：图书含纸质图书、盲文图书、电子图书，这三项都需采取部门集中采购的方式。图书年度采购起点金额为"预算金额 50万以上（含 50 万元）"。招标单位根据集中采购项目选择相应的招标代理机构进行招标采购。也就是说 50 万以上的图书采访按照《中华人民共和国采购法》规定，必须委托集中采购机构组织政府招标。50 万以下的图书采购，依各单位财务要求情况自由安排，为规避风险，建议委托社会代理机构采用招标方式进行。

招标采购的另外一种常见方式是通过图书协议供货商资格确定图书供应商。这种模式是省或市教育装备部门根据推荐书目或其他要求，进行统一的全省或全市范围内中小学图书馆的图书供应商资格招标，入围的图书供应商为全省或市中小学图书馆协议供货单位，学校根据图书协议供货单位招标结果进行选择，确定自己学校图书馆的图书供应商。通常图书协议供应商资格会明确注明图书折扣、适用时间等。未达到政府集中采购限额标准的中学图书馆图书采购可以选择这种模式进行图书采访。

招标采购的基本流程如下：

（1）填写政府采购清单：达到政府采购起征点时填写，未达到可以省略。

（2）委托代理机构：集中采购指定采购代理机构，一般指定公共资源交易中心进行；非集中采购品目选择有资质的社会代理机构进行。

（3）签署委托代理协议，提供需求说明及招标评分细则，评分细则一般由商务分、技术分和价格分组成。

（4）发放招标文件，确定招标时间，委托代理机构组织开标，并公示开标结果。根据《中华人民共和国招标法》规定，必须符合招标资质的三家以上供应商参与才能正常开标。

（5）根据中标通知书，与中标单位签署中标合同，按照合同要求有计划地进行采购。

2. 自主采购

除招标采购之外，零散资金或采购金额不大的采购，常用自主采购的方式进行。

（1）学校"三方比价"

未达到政府集中采购限额标准的图书采购还常用"三方比价"的方式确定图书供应商。"三方比价"是采取邀请三家图书供应商进行价格与服务综合对比的方式，来确定最优供应商。

（2）网上采购

除以上几种方式之外，中学图书馆还会在京东、当当等网上图书销售平台进行零星、小额度采购，一般采取公务卡结算方式。

（二）签订图书采购合同

确定图书馆图书供应商后，在一定时间内与供应商签订图书采购合同，合同详细记录采购需求、图书到馆需求、图书加工要求等，双方按照合同相关条款履行合同内容。

（三）图书采访方式

从目前来看，中学图书馆图书采访模式主要有三种：书目采访、现场采访、读者荐购。每种方式都有其优缺点，一般在年度采访过程中，都是几种模式混合使用。

（1）书目采访：根据供应商提供书目或者出版社书目，在未见到图书实物的情况下，根据提供的书目信息选择图书。优点：适用于大面积采书，速度快。缺点：很难具体把握图书细节，无法准确判定是否符合馆藏需求。

（2）现场采访：到书店、书展、供应商书库，由采访者根据现场图书情况，自由选择符合馆藏要求的图书。优点：触摸到图书实体，能清楚地对图书进行判断。缺点：耗时，物力、人力付出大。

建议中文热门小说、畅销书的采访，如小说、传记、生活类图书的采访最好用现场采访的方式。这样做的好处在于图书馆员直接面对图书，便于根据图书的内容判定是否适合馆藏，避免了购书的盲目性。

（3）读者荐购：由学校读者根据自身对某本图书的判断或喜好向图书馆推荐购买。读者荐购有两种方式：①图书馆让读者填写纸质版或网络版"读者推荐采购清单"。"读者推荐采购清单"应包含书名、作者、出版社等关键信息。②"你选书，我买单"的方式。图书馆与实体书店、网络书店、馆配商等合作，读者现场选书或网络选书，选定图书后当场完成借阅。这种方式能够即时满足读者的即时借阅需求，近几年在国内图书馆界广泛开展。无论是哪种读者荐购方式，图书馆员需要确保读者推荐的资源符合馆藏发展政策。

（四）纸质图书采访需要注意的问题

做好图书馆的采访工作，中学图书馆员需有较大的责任心和主观能动性，不仅需要提升自我对图书的认识和了解，还要尽可能地让读者参与到采访过程中来。以下是图书馆员在采访中需要注意的几个问题。

（1）中学图书馆在招标采购时，要将采购需求详细地注明在招标需求书中，对于图书的出版年限、出版社等都可以提出要求，同时图书折扣要有所限制，以求中标单位能按照要求为中学图书馆提供适合读者阅读的图书。

（2）在条件允许的前提下，尽量以现场采访为主、书目采访为辅。供应商提供的书目要有完整的书目信息，比如出版年份、作者、出版社、简介等，相同作者的图书要把出版社的选择放在第一位。

（3）正确引导读者参与图书采访工作。读者对某种文献的了解可能会比馆员清楚，但是读者对馆藏情况并不了解，或者读者会推荐不适宜中学图书馆馆藏，如某些质量低下的青春小说、网络小说等。这些问题需要馆员积极与读者进行有效沟通，既不能打击读者的积极性，又能让采访图书质量得到保证，并适宜读者特别是中学生阅读。

（4）创新图书采访模式。改变传统的图书采访模式，结合推荐书目、图书势力排行榜、畅销书排行榜、各大出版社微信公众号等进行图书采访，让更多优质图书成为馆藏。

案例：天津市耀华中学图书馆聘请馆外人士参与选书

> 聘请校领导、学科组长、有学术专长的家长为"学科选书专家"；
>
> 聘请爱读书的学科教师为"学科选书大使"；
>
> 根据阅读兴趣和方向，聘请爱读书的部分学生作为"学科小馆员"。

三、数字资源采访

中学图书馆数字资源采访经费不多。数字资源商针对中学图书馆的包库年度访问费用相对也较低，一般来说，使用学校办公经费采购的方式比较多。数字资源的采访以实用为主要原则，以服务一线教育教学为主要目的。图书馆根据读者需求选择优质数字资源进行采购。

数字资源采访是馆藏发展的组成部分，要将馆藏发展政策作为依据来开展工作。数字资源采访过程需要在科学合理的决策流程基础上进行，才能保障资源建设的效率与质量。

（一）数字资源采访原则

1. 统筹兼顾原则

数字资源是中学图书馆馆藏体系的一个组成部分，在实际馆藏发展和读者服务工作中，数字资源与传统资源采访是密不可分的，因此需要在统筹兼顾原则基础上，统筹考虑传统资源和数字资源，合理安排资源购置经费和人力资源。

2. 以用为主的原则

数字资源的价值在于利用以及为读者提供服务。中学图书馆的数字资源在采访经费有限，数字资源建设应该以利用为主要原则，数字资源建设的收藏功能不是中学图书馆首先考虑的问题。

3. 协调性原则

中学图书馆根据其服务的读者对象的需求，主要的数字资源集中在中文数字资源。若按照文献类型来看，主要是电子图书、电子期刊、电子报纸、数据库等资源；若按读者获取数字资源的目的来看，教师读者主要是学术成长（如中国知网、万方数据等资源）、教育教学需要（以课件、习题型数据为主的第二教育网、学科网等），学生读者更多以消遣性阅读为目的来获取电子图书、电子期刊、电子报纸和视频等资源。所以，数字资源采访需要全面考虑和综合评估上述各种类型，进行平衡和协调建设。

4. 经济性原则

因为中学图书馆数字资源采访经费不多，如何发挥资源建设经费的最大效能，少花钱多办事、办实事是图书馆必须考虑的问题。

（二）数字资源采访流程

1. 收集信息并申请试用

收集读者对于数字资源的需求，并向数字资源供应商发出试用申请，明确试用的具体要求（试用资源对象、试用期限、认证方式等），向供应商提供相关技术信息（学校 IP 地址等）。

2. 试用推广

将数字资源试用通知通过 OA 平台、图书馆网站、微信公众号、QQ 群等方式进行发布，并揭示试用资源的基本情况，选择合适的时机邀请资源提供商向读者进行资源介绍和用户培训。

3. 供应商反馈

试用结束后，向供应商索取试用期间的利用统计报告，并由数字资源供应商提供数字资源解决方案和报价。

4. 资源评估及撰写申请报告

邀请馆员和学科组代表（一般科组长）组成评估小组，对拟定资源进行评估，并撰写申请报告，向学校领导及学校行政会提出建议采购意见。

5. 确定采购模式

根据采购金额确定采购模式，一般有公开招标、单一来源采购、三家比价、协议供货等方式。根据教育主管部门及学校财务要求选择适宜的采购模式。

6. 合同签署及费用支付

将合同文本提交学校法律顾问进行审定，双方无异议时，学校法人或授权人签署合同。图书馆按照合同支付费用。

7. 资源验收及推广

数字资源开通后，图书馆员逐一对合同数字资源的数量和质量进行验收，同时通过各种校内平台进行宣传，必要的情况下邀请资源提供商再次来校为读者进行资源介绍和读者培训。

8. 资源再评估 / 续订

图书馆员按照合同约定的期限进行资源再评估，并征询读者的建议和意见，决定是否续订等事宜。

（三）电子书采访的新方式——PDA[①]

PDA（Patron Driven Acquisitions），读者决策采购，又称 DDA（Demand Driven Acquisitions，需求驱动采购），是一种新兴的图书采访模式，根据读者实际需求与使用情况，由图书馆确定购入。PDA 参照纸质书的买流程，首先由图书馆与书商确定符合藏书发展政策的预设购书清单，然后书商提供符合要求的图书 MARC 记录，读者通过 OPAC 查到书目记录后，或者点击链接直接阅读电子书，或者要求提供印刷本，由图书馆统一付费购买。

PDA 的营销模式因书商而异，主要不同在于电子书订购的触发机制与订购类型。如 Ebook-Library 公司（EBL）的 DDA 项目，所有图书一次浏览 5 分钟或若干页（如 10 页）内免费，此后有三种购买选项：第一种为短期外借，即一次性的 24 小时外借（按次付费），费用大大低于购买价（如书价的 5%）；第二种为中介访问，读者浏览超过 5 分钟时需发邮件请求，由馆员审批决定购买或短期外借；第三种为自动购买，即基于设置的短期外借次数购买。NetLibrary 的 PDA 项目，可选择点击图书 1—3 次触发购买，购买模式有两种：第一种为持续访问模式，一旦购买，图书馆即拥有该书；第二种为年度购买模式，图书馆为所购书支付年费，五年后拥有。PDA 模式主要应用

---

① 胡小菁. PDA——读者决策采购[J].中国图书馆学报,2011（2）:50.

于英文电子书的采访，具体模式取决于书商的销售模式。尽管对中学图书馆来说，英文电子书在馆藏中所占比重并不大，但是也可以考虑把 PDA 作为教育集团或联盟进行英文电子书采访的一种方式。

四、捐赠的管理

《中华人民共和国公益事业捐赠法》（以下简称《捐赠法》）第二条规定："自然人、法人或者其他组织自愿无偿向依法成立的公益性社会团体和公益性非营利的事业单位捐赠财产，用于公益事业的，适用本法。"图书馆属于公益性非营利事业单位，捐赠图书适用于《捐赠法》第三条"本法所称公益事业是指非营利的下列事项"之（二）"教育、科学、文化、卫生、体育事业"类公益事业。由此可见，图书馆行业的图书捐赠属于公益事业捐赠。

图书馆在接受捐赠之前，可以和捐赠人签署捐赠协议，捐赠人也可以通过捐赠协议监督图书的保存和使用情况。在签订捐赠协议时，捐赠人应该与图书馆协商好图书的保存、使用、版权等具体细节，以便监督图书馆对捐赠图书的使用。

接受赠书是中学图书馆收集图书、丰富馆藏的重要途径之一，对缓解购书经费严重不足也起到很大作用。

1. 捐赠人

图书馆接受的捐赠主要来源于广大专家学者、知识分子、离退休人员、知名人士、港澳台同胞、海外华侨以及企事业单位、民间团体等。主要有个人赠书、机关赠书、团体赠书等，其中主要来源有本校教师、校友以及兄弟院校单位和个人等。

2. 捐赠图书的选择、管理与利用

（1）图书馆对捐赠人所捐赠图书应首先进行甄别，捐赠图书不仅要符合本馆馆藏发展规划，有利于完善馆藏文献结构，而且也要符合教育部基础教育司 2019 年制定的《中小学图书馆图书审查清理标准（试行）》，对于不满足以上要求的图书，图书馆应该与捐赠人协商处理，有权拒绝接受捐赠。中学图书馆应加强赠书管理，建立必要的规章制度。根据校情、馆情确定赠书规章制度，确定接受赠书范围、赠书加工、流通阅览、保管等工作。

（2）对捐赠图书及时进行加工整理。中学图书馆员对收集到的文献资料要及时回函致谢，并进行图书馆加工，及时挖掘图书的内在知识和信息，使之在教育教学中发挥作用。

（3）为捐赠图书设置专架或专室。在馆舍和人员条件许可的情况下，可以根据不同捐赠人、图书类型等，适当筹建专门的捐赠图书阅览室或专柜。这样不仅能保持专家学者学术思想的系统性和完整性，而且有利于读者集中检索、利用捐赠图书[①]。广州大学附属中学是全国唯一一所有实体高中国防班学生的学校，2016 年，中央军委办公厅赠送该校军事图书 2176 册。广州大学附属中学图书馆为此设置了专门的军事阅览室进行收藏，并向读者开放。

第四节　分类编目

一、图书分类

图书分类是图书馆组织和揭示藏书的一项重要基础工作。什么是图书分类？图书分类就是依据图书内容的学科属性及其他特征，将图书馆藏书分门别类地、系统地加以组织的方法。图书分类时所依据的工具叫做图书分类法（表）。

（一）图书分类法

什么是图书分类法？概括来说，图书分类法就是按照类目之间关系组织起来的，并配有相应标记符号的类分图书的工具。国外使用较为广泛的图书分类法主要有：《杜威十进分类法》（简称 DDC）、《国际十进分类法》（简称 UDC）、《美国国会图书馆分类法》（简称 LCC）。在我国，图书馆界通常采用《中国图书馆分类法》（简称《中图法》）进行图书分类，中学图书馆也不

---

① 郑家杰.浅谈高校图书馆对捐赠图书的管理与利用[J].大学图书情报学刊,1999（1）:23-24.

例外。

(二)《中图法》简介

《中图法》是以科学分类和知识分类为基础，并结合文献内容特点及其某些外表特征进行逻辑划分和系统排列的类目表。它是类分文献、组织文献、分类排架、编制分类检索系统的工具。目前最新的版本是第五版。

《中图法》由五大部类二十二个基本大类组成。五大部类分别是：马克思主义、列宁主义、毛泽东思想、邓小平理论，哲学、宗教，社会科学，自然科学，综合性图书。二十二个基本大类如下：

《中图法》二十二个基本大类

A 马克思主义、列宁主义、毛泽东思想、邓小平理论

B 哲学、宗教

C 社会科学总论

D 政治、法律

E 军事

F 经济

G 文化、科学、教育、体育

H 语言、文字

I 文学

J 艺术

K 历史、地理

N 自然科学总论

O 数理科学和化学

P 天文学、地球科学

Q 生物科学

R 医药、卫生

S 农业科学

T 工业技术

U 交通运输

V 航空、航天

X 环境科学、安全科学

Z 综合性图书

（三）图书分类工作程序

图书分类工作是一项十分细致而且非常重要的工作。当图书进馆以后，经过验收、登记等采购环节，转入分类编目，经查重、分类、编目、加工等一系列程序后进入流通环节。一般来说，一种图书在分类工作上应经过以下程序：

1. 查重

查重的目的是避免复本书发生给号先后不一致，避免复本书的重复分类工作，对于按整套分类的连续出版物、多卷书、丛书可以保证先后一致。如果不查重，可能会发生重号。同一种书因收到有先后，如果前后分类不一致，会导致排架和目录混乱。

2. 主题分析

对于文艺作品，需分析内容，确定其体裁、著作人国别、时代等。对于科学著作，则需分析内容，弄清写的是什么主题、是怎样阐述的以及阅读对象等。可通过书名、目次、书的序言、编者的话、出版者的话、内容提要等分析书的内容，得出初步结论。

3. 归类

根据初步意见，在类目索引中查出该类名及其类号，然后在主表中根据该号查出该类，并检验所用的索引指示是否正确，审核它的上位类是否可以容纳该书。如果没有问题，就以该类的类号作为该书的类号。

4. 给书次号

根据馆里规定给书次号，完成该书的索书号。索书号又称索取号，是图书馆藏书排架用的编码。通常情况下，索书号由分类号和书次号（种次号或著者号）组成。图书得到分类号之后，还要进一步确定它的书次号。确定书次号有多种方法，最常用的是种次号和著者号。种次号就是根据图书到馆先后顺序给定的流水号，著者号是以文献著者名称为依据，通过查找著者号码表而编制。在中小学图书馆中，种次号一般由图书编目系统自动生成，相比通过查找著者码才能获取书次号的方式，种次号在中小学图书馆中应用更加普遍。如索书号 I247.5/1314，"I247.5"是分类号，代表新中国成立后新体长篇、中篇小说；"/1314"为书次号，代表馆藏新体长篇、中篇小说到馆流水号为 1314 号。

二、编目

（一）什么是编目？

编目是指按照一定的规则对文献信息资源进行著录，组织成目录并进行维护的过程[①]。

图书编目可分为手工编目和计算机编目。手工编目过程一般可分为：图书分类、图书著录、图书加工、目录组织和利用四个环节。计算机编目是指利用计算机设备和技术来开展文献编目工作。计算机编目采用机读目录格式标准。

（二）中国机读目录格式标准（CNMARC）

1.机读目录

机读目录是机器可读目录的简称，英文为 Machine Readable Catalog，简写为 MARC。所谓机读目录，是指以代码形式和特定结构记录在计算机存储介质上的，用计算机识别阅读的目录。

2.中国机读目录格式

为了推进我国书目数据规范与统一，加速文献信息网络的建设，实现国内各单位之间以及国内与国外之间书目信息的交换与共享，我国在借鉴 UNIMARC 标准的基础上，同时结合中国文献著录特点，制定了中国机读目录格式（China Machine-Readable Catalogue，CNMARC）。CNMARC 曾于1996 年作为文化行业标准（WH/T 0503—1996）开始实施，并于 2004 年作为国家标准颁布，并在 2016 年以后作为国家标准的系列 CNMARC 陆续出

---

① 宛玲,魏蕊,张鑫.信息描述[M].北京:科学出版社,2022:2.

版，如《中国机读书目格式》（GB/T 33286—2016）和《中国机读馆藏格式》（GB/T 36068—2018）。

中国机读目录格式对文献特征的描述比传统目录更准确更丰富，它的准确性和完整性是衡量数据质量的指标。中学图书馆管理走向标准化、专业化，采用 CNMARC 标准来揭示图书内容及形式是关键。从目前来看，某些中学图书馆的自动化管理软件并未严格按照 CNMARC 要求进行编写，这为数据检索及数据互通造成了一定障碍。

（三）编目的基本流程

计算机编目过程大致可分为三个部分：数据采集、数据加工和目录输出。

1. 数据采集：主要有两种获取方式，一是通过馆员对图书资料的内容和形式特征进行分析、选择得到，二是直接通过联机检索，获取国家图书馆或其他图书馆 MARC 记录。

2. 数据加工：是对采集到的书目数据或字段集合进行处理的过程。中学图书馆根据馆藏特点及要求，对联机获取的国家图书馆 MARC 数据进行修改保存。如修改分类号、添加种次号等。

3. 目录输出：按照目录组织以及目录制度的要求，对机读目录数据进行加工、处理，并输出各种形式、满足多方面需要的目录。

三、分类编目的业务外包管理

近几年，编目业务外包已经在中学图书馆得到不同程度的实施，出现这一情况的主要原因是中学图书馆专业人员不足，技术力量薄弱，懂编目的人太少。中学图书馆的分类编目业务外包往往伴随着新书的采购而进行。当中学图书馆采购一批新书的时候，一般要求书商做好数据直接到馆上架，有的采取到馆加工的模式，也有的采购后直接由书商在其公司进行分类编目后再运回图书馆上架流通。

学界业界对中学图书馆的分类编目业务外包褒贬不一，虽然外包单位书商直接参与图书馆分类编目工作，一定程度上弥补了图书馆专业人员的不足，但另一方面也为数据准确性和分类编目质量优劣带来了隐患。书商编目人员水平参差不齐，为追求工作效率而忽视工作质量的情况时有发生。某些编目人员直接使用在版编目数据，完全没有考虑中学图书馆馆藏实际情况，导致分类号过细，为后续排架、倒架工作带来很大工作量。也有编目人员擅自修改套录后的分类号，只保留一级或者二级类目，使得图书分类过粗，也不利于图书馆后续工作安排，增加读者检索难度。为避免出现类似情况，需要加强对编目外包的管理。

从现有环境来看，中学图书馆分类编目的业务外包仍然是趋势，最重要的原因在于中学图书馆专业人员未能得到有效保障。在专业人员不足的情况下，图书馆员要重视外包编目数据质量，并全程参与。前期要对编目人员进行本馆编目规则的培训和注意事项提醒，编目过程中要加强对编目人员的监督和指导，编目后需要对数据从以下几个方面据进行核查和验收：①编目数据是否符合馆藏要求，是否严格按照馆藏编目规则进行编目；②分类号、种次号是否正确；③单次入藏图书码洋是否和采购图书清单码洋一致，侧面检验编目数据的准确性；④若图书排架也是由编目外包人员处理，还要随机抽查图书上架的准确性。若无图书馆专业人员管理的中学图书馆，要加强分类编目知识的理论学习，积极向同行请教，在馆藏编目过程中参照同类型同地区中学图书馆的机读目录不失为一个有效的办法。

四、相关制度举例

广大附中教育集团图书馆分类编目规则（2018 年修订版）

广大附中教育集团于 2018 年成立，基本形成了一校多区的格局。为使得教育资源均衡发展，优质教育资源得以辐射，广大附中教育集团图书馆采取总分馆＋平行馆并行的混合制集群管理模式，即以黄华路校区图书馆为总馆，大学城校区、白云广附、广大附小、黄埔广附、花都广附、南沙广附等校区的图书馆为分馆。各分馆数据以总馆数据为准，总馆负责审核数据正确与否，同时因为各分校所属财权不一，各分校与总校之间、分校与分校之间属于平行馆的概念，业务由总馆统筹，图书财产分属不同分馆。

为适应这一新形势，方便数据交流和统一管理，有必要制定较为详细的图书馆分类编目标准，以保证数据最大可能的准确性，经调研和实证研究，制定以下细则：

一、各成员馆读者证号要求

读者证号采取校区＋初（CZ）/高中（GZ）＋入学年份＋班级＋学号的方式设置，比如黄华路校区读者证号规则为：HHCZ20180910，意指黄华路校区初中2018年入学9班10号。其他校区代码如下：黄华路校区（HH）、大学城校区（PY）、白云广附（BY）、黄埔广附（HP）、南沙广附（NS）、广大附小（FX）。

二、各成员馆图书条形码要求

各成员馆图书条形码共计8位，采取代码＋数字的方式组成，按到馆图书先后次序递增。

黄华路校区：HH000001开始

大学城校区：PY000001开始

白云广附：BY000001开始

黄埔广附：HP000001开始

南沙广附：NS000001开始

广大附小：FX000001开始

三、编目规则要求

1.分类严格按照在版编目（CIP）数据给予的分类号分编图书，如发现CIP分类号有明显错误要给予更正，给出正确的分类号。

2.各分馆图书编目应首先进行回溯建库，以黄华路总馆的卡片目录为依据制作MARC数据，再添加本分馆种次号，若黄华路无书目数据，优先采用大学城校区书目数据制作MARC。如有图书所属类目我馆没有收藏过，请按《中图法》确定类号。

比如：类号：G449　类目名称：教育心理测试与评估

3.同体裁同著者图书放在书架统一位置上，在种次号后加小号区分。

比如：黄华路校区（以下举例若无特殊注明，均为黄华路校区数据）

著者：周大新

著作：《旧世纪的疯癫》I247.5/1173

《银饰》I247.5/1173/2

《21大厦》I247.5/1173/3

《湖光山色》I247.5/1173/4

同著者不同体裁的图书放在相关各类，在种次号后加小号区分。

4.人物传记以传主确定种次号，如传主有多部传记，种次号后加小号区分。

如：《徐志摩图传》K825.6/48/2

《徐志摩与陆小曼》K825.6/48

5.有关数学、物理、化学、生物竞赛的图书分别放在O1-4、O4-4、O6-4、Q-4。

6.新中国成立后小说以分到体裁的第一类目为止，外国小说以分到体裁为止，不用加时代表细分。

7.所有图书分类号最大到小数点后两位，新开启的分类号下的第一本书建议到小数点后一位。

8.双语读物，外语读物分类号统一为H319.4/…。

四、检索规则

为方便统一检索，直观呈现各分馆书目数据，公共检索目录（OPAC）对所有校区编目数据按"ISBN+书名"进行数据合并，即把ISBN与书名相同的数据进行合并。

第五节　剔旧

一、剔旧的含义

图书剔旧指的是剔除不再适宜馆藏的图书。由于文献半衰期、书库面积有限、采购决策失误、图书损坏等因素的存在，图书剔旧工作成为一项非常重要的常规性工作。当今世界知识大爆炸，各种文献资料增长迅猛，越发凸显馆藏书籍剔旧工作的必要和重要性。

对于学校图书馆而言，剔旧工作尤为重要。2018 年修订的《中小学图书馆（室）规程》第十条规定："图书馆每年生均新增（更新）纸质图书应不少于一本。图书复本量应当根据实际需要合理确定。"[①]可以预见，随着生均新增图书的不断增长，图书数量和有限馆舍面积的矛盾会日益尖锐。从现实来看，中小学图书馆（室）空间面积有限，有更新就必须有剔旧，这是中学图书馆文献保障健康发展的必经之路。有效的图书剔旧不仅能缓解书库容量危机，还能吐故纳新，优化馆藏结构，并最终达到提高读者借阅体验以及提升图书馆形象的作用。

二、剔旧的原则标准

中学图书馆图书剔旧工作应当参照《中小学图书馆（室）馆配图书适宜性评价标准》进行，具体剔旧细则由各馆根据馆藏实际情况进行制定，包括但不限于从图书外观、复本量、图书内容、资料类型、出版年限、出版社、流通情况等因素来综合考虑。

（1）破损严重无法阅读的图书。主要有这几种情况：水渍、污损、虫

---

① 教育部.教育部关于印发《中小学图书馆（室）规程》的通知[EB/OL].（2018-05-28）[2022-09-30].http://www.moe.gov.cn/srcsite/A06/jcys_jyzb/201806/t20180607_338712.html.

蛀；残破、缺损严重；印刷质量差等。

（2）复本量过大的图书，除特殊用途图书（如阅读课同读某本书的配书应根据馆藏资源既定规则留用）以外，原则上中小学图书馆藏书一般不超过5个复本。

（3）内容不合法的图书。不适合青少年阅读的图书应坚决剔除。

（4）内容陈旧不再适用的图书。与课本相配套的习题集、练习册等，因课本改版已不再适用，应该剔除，但以专题形式存在的习题集，如《三角函数专题》等应予以保留。

案例：天津市耀华中学图书馆的"五剔""四不剔""四慎剔"

"五剔"：馆藏图书剔旧范围为非法图书、师生均不适宜的图书、外观差且不可修补的破损书、无保存价值的图书、丢失但未注销的图书。

"四不剔"：不剔古籍图书、民国文献；不剔地方文献；不剔校本文献；不剔核心馆藏。

"四慎剔"：慎剔工具书；慎剔特色书；慎剔经典图书；慎剔1949—1966 年之间出版的图书。

三、剔旧馆藏处理的常见办法

剔旧馆藏不仅涉及固定资产的管理与处置，还影响到馆藏资源的连续性，处理应当做到有章可循、有据可依。一般来说，剔旧馆藏处理通常有以下几种模式：

（1）建立第二书库。将剔旧馆藏图书采用密集架管理、打包封存等方式统一存放管理，建立非流通书库。书目系统仍可以查询到馆藏数据，只是未进入图书流通环节。

（2）固定资产报废处理。对于残缺、破损严重或者其他原因需要报废的图书，在上级教育装备部门统一指导下，按照相应的规章制度做好固定资产报废处理准备。我国《政府会计准则第 3 号——固定资产》第二条规定："本准则所称固定资产，是指政府会计主体为满足自身开展业务活动或其他活动需要而控制的，使用年限超过 1 年（不含 1 年），单位价值在规定标准以上，并在使用过程中基本保持原有物质形态的资产，一般包括房屋及构造物、专用设备、通用设备等。单位价值虽未达到规定标准，但是使用年限超过 1 年（不含 1 年）的大批同类物资，如图书、家具、用具、装具等，应当确认为固定资产。"依据此条规定，图书馆馆藏图书属于固定资产的范畴，所以图书的处置应该按照《事业单位国有资产管理暂行办法》进行。该办法第二十四条规定："事业单位国有资产处置，是指事业单位对其占有、使用的国有资产进行产权转让或者注销产权的行为。处置方式包括出售、出让、转让、对外捐赠、报废、报损以及货币性资产损失核销等。"[①]

案例：天津市耀华中学图书馆剔旧图书的处置方式

1.按照固定资产处置程序注销并报废：

非法图书立即注销报废；

合法图书中不适宜师生阅读的图书可以注销报废；

合法图书中外观极差无法修复，且无保存价值的图书可以注销报废；

合法图书中内容陈旧过时，且无保存价值的图书可以注销报废（如过时教辅书、过时计算机图书等）；

合法图书中报废图书，如有多个复本且有贮存空间，可视情况保留一本。

2.更改典藏地，移至教师书库或教师书架，继续流通合法图书中仅适宜教师阅读的图书。

3.更改典藏地，移至不流通书库保存。

合法图书中，对师生均不适宜的图书进入贮存书库；

---

① 财政部.关于修改《事业单位国有资产管理暂行办法》的决定［EB/OL］.［2021-11-08］.http://tfs.mof.gov.cn/caizhengbuling/201904/t20190404_3215480.htm.

> 合法图书中，外观差不可修补且保存价值比较低的破损图书进入贮存书库；
>
> 合法图书中，外观差不可修补但保存价值较高的破损图书必须进入特藏书库；
>
> 合法图书中，1949—1966 年、1966—1976 年图书必须进入特藏书库。

图书剔除工作完成后，图书管理系统将生成剔除清单，将剔除清单上报至总务资产管理部门。由于图书馆管理系统采取单册图书馆按码洋入账方式，而资产管理系统和财务记账系统采取单批图书按实洋入账方式，三个系统无论是从册数还是金额都不存在一一对应的关系，也无法获取该批次报废图书的折扣率从而推导出资产原值。因此，资产管理人员一般会根据剔除清单的总金额，按照先进先出、由远及近的原则挑选资产卡片，凑足与报废清单一致的实洋金额后，根据相关规定、流程和审批程序报废图书。

四、相关制度举例

《天津市中小学图书馆（室）馆配图书剔旧办法（试行）》（津教装字〔2018〕24 号）从剔旧工作总体要求，馆配图书剔旧的原则、剔旧程序、应注意的几个问题等几个方面来推动天津市中小学图书馆（室）文献资源建设。

其中，图书剔旧的原则确定了剔旧和不可剔旧的范围。

天津市中小学图书馆（室）馆配图书剔旧办法（试行）（节选）

> （一）剔旧的范围
>
> 1. 不合法的图书；
>
> 2. 不适宜学生和教师阅读的图书；
>
> 3. 印制装订质量差的，编校质量差、错漏百出的，残破、缺损严重的，不符合绿色印刷标准要求、污染严重的图书；

4. 复本量过大的、借阅率极低的图书（用于阅读指导课，按班额配的图书除外）。

（二）不可剔旧的范围

1. 古籍图书、稿本、抄本、碑帖拓片；

2. 民国文献；

3. 特色藏书；

4. 与校史相关的文献；

5. 其他具有珍贵文献价值的手稿、印刷品；

6. 基础藏书配备目录内的藏书。

成立图书剔旧领导小组，多方参与。

（三）剔旧程序

1. 成立由学校主要领导任组长的图书剔旧领导小组，成立由分管图书工作的校领导、相关处室主任、各学科教师代表、家长代表、学生代表、图书馆管理人员组成的剔旧工作小组。

2. 由图书馆管理人员通过借阅统计、读者调研、图书排查等方式进行剔旧调查，与补充更新工作有机结合，拟定剔旧范围，制定计划草案，交由工作小组讨论，上报领导小组。

3. 图书馆管理人员按照计划和范围对图书馆书目进行剔旧工作。

4. 由工作小组对要剔旧的图书进行初审，由领导小组进行复审。

5. 按照固定资产处置的相关程序，将剔旧原则、范围和具体方案计划报上级主管部门批准审核。

6. 图书馆建立注销账，每本剔旧的图书都要加盖注销章。

本章小结

馆藏发展政策是图书馆系统地确定本馆文献资源的长期发展策略及具体实施规范的纲领性文件。但是大部分的中学图书馆不重视本馆馆藏发展政策的制定，馆藏建设与发展随意性较强，受主观影响较大。中学图书馆馆藏发展走上科学管理之路，馆藏发展政策应该成为图书馆首要考虑的问题。中学图书馆因为其读者特点，收藏的图书类型也需围绕其读者需求进行。中学图书馆馆藏方向应该以重流通为主，通过各种专题导读，使优秀图书作品能最大可能与读者见面。尽可能多地扩充采访途径，吸引读者参与图书的采访工作。同时，图书馆藏书需要按照一定的图书分类体系进行分类编目，以方便读者获取，节省读者查找书的时间。相对统一的分类编目规则是图书馆藏书能够被有效利用的基础。文献剔旧工作是保证中学图书馆馆藏文献健康发展的必经之路。制定适合本馆特点的文献剔旧工作制度既是对馆藏文献的再熟悉过程，也是保障读者权力的强有力手段，同时还是缓解馆藏文献不断增长与馆藏建筑面积有限之间矛盾的举措之一。

思考题

1. 根据学校及本馆特点，制定馆藏发展规划。

2. 你认为分类编目业务外包情况下，馆员应该如何做好质检工作？

3. 根据馆藏特点，制定本馆的馆藏剔旧制度。

延伸阅读

[1] 吴慰慈, 董焱. 图书馆学概论 [M]. 4 版. 北京: 国家图书馆出版社, 2019.

[2] 肖希明. 信息资源建设 [M]. 2 版. 武汉: 武汉大学出版社, 2020.

第四章　中学图书馆的阅读服务

阅读服务是图书馆永恒的基础工作，对于学校图书馆来说更是如此。本章主要通过阐述阅读服务的基本概念和框架，让馆员对阅读服务有一个系统的了解，进而对各种具体的阅读服务项目进行深入介绍，从而使馆员掌握开展具体阅读服务的方法，包括开展借阅服务、书目推荐、读书会的运作和培育、阅读指导课以及其他阅读活动的方法。

第一节　阅读服务基本概念和框架

阅读服务是图书馆的核心服务，在开展具体的阅读服务项目之前，图书馆员需要对图书馆的阅读服务框架有一个基本的认识，这样才能系统地了解阅读服务。

一、基本概念

（一）阅读

阅读是人类所特有的一种社会活动，是人类认识世界、改造世界的重要手段。关于阅读的定义有很多，《图书馆·情报与文献学名词》中把阅读定义为"一种从书面语言或其他书面符号中获得意义的社会行为、实践过程和心理过程"[①]。有学者将阅读定义为"人们利用一定环境认知记录信息的过程与活

---

① 图书馆·情报与文献学名词审定委员会.图书馆·情报与文献学名词[M].北京：科学出版社,2019:204.

动"①。从图书馆的视角应该如何理解阅读的概念？我国阅读学学者曾祥芹的定义比较能切合图书馆的情境。曾祥芹认为阅读是"'读物—环境—读者'三者相互作用的关系网"②。阅读需要三个要素，读物、环境和读者。从图书馆的角度出发，图书馆应该为读者提供读物和环境，这也是长期以来图书馆一直重点做的工作（"馆藏资源建设"参见第三章，"阅读环境建设"参见第六章相关内容）。图书馆为读者提供了合适的馆藏和阅读环境，读者是否就进行阅读了呢？答案是不一定，要想更多的人进行阅读，必须对读者进行培养，英文称之为Reader Development，翻译过来为"读者发展"，意即让更多的人成为读者。

（二）读者

对于读者的理解，需要注意三个方面，阅读意愿、阅读能力和阅读行为，也就是说具备阅读意愿和阅读能力并进行阅读的个人。

1. 阅读意愿

指个人不管是出于外在压力还是内在动力而引起的阅读欲望。图书馆界一直在开展大量的服务和活动来激发读者的阅读意愿。

2. 阅读能力

关于阅读能力有多种解读，国际学生评估项目（Program for International Student Assessment，PISA）认为，阅读能力是指"学生为取得个人目标，形成个人知识和潜能及参与社会活动，而理解、运用和反思书面材料的能力"③。笔者在PISA界定的基础上将阅读能力发展为四个方面：

（1）选择读物的能力。阅读第一步是要有适合自己的读物，因此选择读物的能力是阅读能力的基础。

（2）理解读物的能力。读者阅读活动是否能得到预期的效果，最基本的要求是读者能真正读懂内容。理解能力的提高有赖于反复的阅读活动。

---

① 张怀涛."阅读"概念的词源含义、学术定义及其阐释[J].图书情报研究,2013（4）:32-35.

② 曾祥芹.阅读环境论——阅读客体研究之二[J].河南师范大学学报（哲学社会科学版）,1992（1）:92-100.

③ 王晞,黄慧娟,许明.PISA:阅读素养的界定与测评[J].上海教育科研,2003（9）:37-41.

（3）阐释能力。在理解的基础上，能够将阅读的内容以合适的方式进行表达的能力。

（4）批判分析能力。读者不仅能理解阐释文本，同时能具备独立判断和分析的能力。

3.“阅读循环圈”理论（Reading Circle）

具备阅读意愿和阅读能力并不一定会转换为实际的阅读行为，所以还需要了解阅读行为过程。钱伯斯（Aidan Chambers）的阅读循环圈理论能够比较好地解释阅读行为过程。钱伯斯认为阅读是一个循环往复的过程，阅读活动从选书开始，需要近在手边的书、需要合适的书，然后开始进行阅读，阅读之后寻找与已读图书有类似阅读体验的书，希望能和别人进行交流，在交流中会产生阅读下一本书的欲望，进入下一个阅读循环[①]。

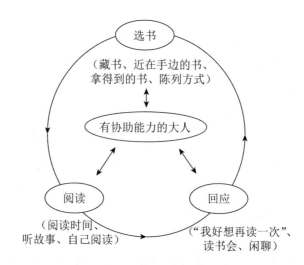

图 4-1　钱伯斯阅读循环圈理论示意图

图片来源：钱伯斯.打造儿童阅读环境［M］.许慧贞，蔡宜容，译.海口：南海出版公司，2007：4.

在钱伯斯提出的这个循环中，无论是选书、阅读，还是回应，都需要有协助能力的大人的参与。尽管中学生的阅读能力相比小学生有提高，但是并不意味着不需要图书馆员的参与和指导。图书馆员应该在中学生的阅读素养

---

① 钱伯斯.打造儿童阅读环境［M］.许慧贞,蔡宜容,译.海口:南海出版公司,2007:4.

培养中发挥积极作用。

二、阅读服务框架

通过上面关于阅读和读者概念的理解，我们可以得出图书馆阅读服务的内容框架，主要包括以下内容。

（一）提供读物和环境

图书馆首先要帮助读者解决"有书可读、有地可读"的问题。因此图书馆需要购置适合读者的优质读物，并且优化阅读环境，提供阅览和外借服务。在第三章相关内容中已经提及馆藏建设的原则，这里再次强调中学图书馆应该注重馆藏的丰富性、多元性，通过给中学生读者提供多样的读物，拓展读者的阅读范围，丰富读者的阅读体验。研究表明，读者发现阅读乐趣的一个重要路径就是读者有机会自主选择读物，因此中学图书馆如果能够提供充足多样的优质读物，给读者创造自行选择读物的机会，就意味着成功了一半。

（二）培养读者的阅读兴趣或者阅读意愿

图书馆要解决的第二个问题是"想读书"的问题。图书馆界在培养读者阅读兴趣方面积累了很多经验，针对不同读者群体会有不同的做法。针对中学生或者青少年群体，需要结合青少年的自身特点——同龄人的影响力加大，喜欢自己做主、喜欢新技术、喜欢追星、喜欢动漫等特点开发一些专门的阅读项目。比如，英国曾经面向那些喜欢足球但不喜欢阅读的男生推出英超俱乐部阅读之星项目，请英超球队的球星推荐书籍等。

（三）培养读者的阅读能力

接下来图书馆要解决的问题就是"会读书"的问题，指导读者怎么去读。阅读能力的培养不仅仅是理解能力的培养，还包括选择读物能力、批判分析能力等。图书馆对读者阅读能力的培养可以通过阅读方法讲座、书评比赛等方式进行，也可以采用比较系统的方法对阅读能力进行培养，包括读书会和阅读指导课。前一种是非课堂教学形式，后一种是课堂教学形式。对于读者阅读能力的培养，需要两者并重。

（四）嵌入阅读行为过程中的阅读服务

具备阅读意愿和阅读能力并不一定转化为实际的阅读行为，要促使读者进行阅读，还需结合阅读循环圈理论，将阅读服务嵌入读者的阅读行为过程。

1. 阅读前：帮助读者找到合适的读物，在书目推荐工作可发挥积极作用。本章第三节会重点讨论书目推荐，帮助读者解决"读什么"的问题。

2. 阅读中：帮助读者更好地理解使用读物，包括提供作者背景介绍，提供专家讲书的音频文件等。

3. 阅读后：阅读后的读者需求包括两方面：一是寻找类似阅读体验的需求，需要图书馆能够对类似读物有所推荐；二是阅读后的交流需求，需要图书馆提供阅读交流的平台，包括读书会、创办读书刊物等。

第二节　借阅服务

作为中学图书馆最基本的业务工作，图书流通借阅服务直接面向广大读者群，并关系到图书馆的服务质量及服务形象。流通借阅过程中每一个环节均会体现一个图书馆总体水平的优劣，还会影响到读者阅览使用和学校科研工作的正常进行。因此，建设良好的服务环境与和谐氛围，有助于提高"一切为了读者"服务的效率和质量。图书流通过程中，提升图书馆员的职业道德素质可以减少日常工作差错；强化读者公共意识，有助于广大读者正确使用图书馆各种文献，有效利用图书馆的资源。此外，为做好图书馆借阅服务，还应当规范读者的借阅行为，杜绝损毁偷盗现象，适应当代图书馆自动化、网络化发展的需要。

要想做好借阅服务这个图书馆的核心业务，确保图书馆借阅工作的正常运行，需要从读者和馆员两个方面着手，必须制定面向读者的借阅制度和面向馆员的借阅管理工作指南。

一、借阅制度

无规则不成方圆，没有健全的图书馆制度就不能保证图书馆各项服务的正常开展。图书馆制度是指图书馆在长期实践中逐步形成的图书馆员、读者、图书馆主管部门须共同遵守的图书馆运行规程、操作规则或行动准则，如图书馆法、规程、条例、章程、标准、方案、宣言、公约、守则、办法等[①]。借阅制度是图书馆制度中的一种，学校图书馆的借阅制度，是指图书馆在文献的借阅及流通过程中要求每一个读者行使借阅权利，并在此过程中必须遵循的图书馆文献资源的借阅制度及行为准则。

长期以来，设置读者类型划分（如教师读者、学生读者），固定读者借阅册数和借阅期限一直是我国学校图书馆普遍采用的借阅制度。在学校图书馆馆藏资源都相对有限的情况下，为了保证借阅工作的开展，设置借阅册数和借阅期限是必须的，也是行之有效的。

学校图书馆在制定借阅制度的时候，应该从规范读者的借阅行为、促进文献的流通、提高文献利用率和读者需求满足率、保障读者的平等借阅权等几个方面考虑。

一份完整的借阅制度应该包含以下几部分：①通则；②阅览规则的细则；③借阅规则的细则；④续借或预约服务的细则；⑤图书逾期或损坏的处理细则；⑥图书馆的开放时间。

二、借阅制度举例

广州大学附属中学图书馆规则

1 通则

1.1 本校教职工及学生凭校园一卡通作为本馆读者证，读者证只限本人使用，不得转借他人。读者证若有遗失，请及时至图书馆服务台进行挂失，在补办校园一卡通后，到图书馆服务台开通使用。

1.2 非流通书库和阅览室的线装书、参考工具书以及现期期刊、报纸，仅限馆内参阅，概不外借。

1.3 教职工退休或者调离本校、学生转学或者毕业前，必须还清所

---

① 曾怡.大学图书馆借阅制度动态管理模式研究[D].重庆:西南大学,2009:6.

借图书。

1.4 本规则若有未尽善之处，本馆有权进行解释与修改。

2 阅览规则

2.1 读者可在书库及各流通阅览室自由阅读，所选图书阅后请归还至指定位置，由图书馆工作人员整理归架。

2.2 读者应爱护本馆图书、杂志、报纸等文献信息资源，爱护本馆自助化设备、视听设备及其他网络设备，如有污损、损坏等，需照价赔偿。严禁私自携带出馆，违者将依校规处分。

2.3 读者应注意服装端庄整齐，衣冠不整者谢绝入内。

2.4 读者不可携带饮料或食物进入图书馆，在馆内应保持肃静，自觉维护馆内卫生清洁。

3 借阅规则

3.1 书库及各流通阅览室采用开架借阅模式，由读者自由选择后在自助借还机器完成借还、续借等，归还图书请放至还书箱，由图书馆工作人员整理归架。

3.2 读者借阅权限

1）教职员工最多可借 18 册，借阅期限 6 个月，可续借 2 次，每次续借 1 个月。

2）在校学生最多可借 3 册，借阅期限 3 个月，可续借 1 次，每次续借 1 个月。

3）学生馆员按照高级、中级、初级三个层次，分别最多可借 10 册、8 册、5 册，借阅期限 3 个月，可续借 2 次，每次续借 1 个月。

3.3 借阅图书不得有涂污、私自裁剪、撕毁或其他损坏行为。若有损坏、遗失、盗窃图书情况，参照以下条款进行相应处理：

1）损坏图书（包括涂抹、污损、撕毁）视损坏图书程度而定，轻微损坏，可以修复的以批评教育为主；无法修复的参照遗失图书方式处理。

2）遗失图书，原则上买回原书进行赔偿，若不能赔偿原书，按照以下方式处理：复本图书按照原价三倍赔偿；成套图书中的一本按成套书价三倍赔偿；无复本图书按原价五倍赔偿。

3）偷盗图书，一经发现处以十倍原书价的赔偿，并通报学校德育处严肃处理。

4 续借

4.1 所借图书临届满之前，可按照借阅权限进行续借。

4.2 读者可在图书馆线上服务大厅或线下自助借阅机器办理续借，线下自助借阅机器办理续借需携带书在现场办理。

5 逾期

5.1 借书册数已满定额、借期届满或逾期仍不归还者，不得另借他书。

5.2 逾期记录可采取在图书馆做学生馆员服务的方式，图书馆老师根据服务时间与质量解除读者逾期状态。

6 开放时间

6.1 图书馆书库及馆内阅览室开放时间：

黄华路校区早上 8:00 到下午 5:30；

大学城校区早上 8:00 到下午 7:00。

6.2 馆外校内自助图书馆开放时间：早上 7:00 到晚上 11:00

三、借阅管理

制定一套规范的借阅制度，并不意味着可以高枕无忧，必须做好与之相对应的借阅管理工作，才能确保图书馆的正常运行。借阅管理，是指图书馆的工作人员在图书馆书籍整理摆放、书籍借阅回收等方面的工作。这些工作的正常进行决定着图书馆的文献流通效率，只有不断优化借阅管理工作，才能向读者提供良好的借阅体验，确保图书馆的正常运行[1]。

当前，学校图书馆为了实现馆藏资源的充分开发和利用，更好地服务于教学与教研工作，已普遍实行开架借阅。所谓开架借阅，是指读者可以进入

---

①　黄小红.略论图书馆如何优化图书借阅管理[J].课程教育研究,2018(17):12,15.

流通书库直接从书架上选取文献的借阅制度[①]。

实行开架，各馆都不可避免地要遇到图书"丢失""乱架""损坏""错借""拖欠"等问题，既妨碍读者的查找与利用，也增加馆员的工作量。如何发现并有效地解决这些问题，是整个借阅管理工作的关键。

（一）借阅管理中存在的问题

1. 图书丢失

在图书馆的图书借阅工作中，个别读者以各种方式偷窃图书馆的藏书；也有读者不爱惜图书，随意丢弃从图书馆借阅的图书；还有读者在自助借还时不按要求操作，不按要求还书，造成图书丢失的假象。这些行为都严重影响图书借阅工作，导致馆藏资源严重流失。

2. 图书乱架

图书馆的图书一般都是按照《中国图书馆分类法》进行分类摆放，读者和图书馆工作人员可以通过索书号快速找到图书。但有的读者在阅读图书后，将图书随手乱放；有的读者将自己喜爱而无法借出的图书藏匿在书库的隐蔽处。这些行为严重妨碍了读者找书，也加重了图书馆工作人员的工作负担。

3. 图书毁坏

开架借阅导致图书流通量大增，使图书自然破损率上升（如掉页、丢书皮、书标和条形码磨损等），但更多的图书毁坏是读者不良阅读习惯导致的。有的读者缺乏爱护公物意识，将图书撕页、折角和乱涂等；有的读者私自带饮料、零食进入图书馆，玷污图书；有的读者喜欢在图书上做题、记笔记。这些都导致图书受到不同程度的毁坏，增加了图书馆的运营成本。

4. 图书错借

目前，学校图书馆普遍使用一卡通作为读者证件，读者偶有丢失证件的情况发生，且丢失后没有挂失读者证件的意识，有的读者捡到别人的读者证借书，借而不还。这些都严重扰乱了图书借阅工作，也引起读者与图书馆之间的信任危机。

----

① 王玲君.中学图书馆开架借阅管理探析[J].实验教学与仪器,2012（6）:63-64.

5.图书拖欠

图书拖欠问题，有因历史遗留，在借阅制度不完善或不能严格执行的情况下产生的；也有因图书馆工作人员催还工作不细致，导致图书不能及时还回图书馆。这些都大大影响图书的流通效率。

（二）借阅管理的优化对策

1.提高馆员素养

提高馆员素养是实现图书馆开架借阅优质服务的必要保障。为了提高馆员的业务水平，中学图书馆可采取以下措施：一是努力提升馆员的服务意识；二是定期培训馆员的业务能力；三是培训馆员应对突发情况的处理能力。

2.加强读者教育

做好读者教育工作，是做好开架借阅的前提保障。新生入馆教育是重要的一环，也是每一位读者使用图书馆前的必修课。开展入馆教育，目的是让读者了解图书馆的整体概况，熟悉规章制度，了解正确的找书、阅览、借书、还书方法，并形成爱书光荣、偷书损书可耻的良好风气。在日常借阅工作中，一旦发现读者的不良、违规行为，应该及时教育、劝阻。

3.组建义工团队

组建、培训义工团队，是做好开架借阅的人员保障。中学图书馆工作人员普遍较少，面对庞大的读者群，让部分读者参与管理工作是较为现实、有效的一种方法。一个优秀的义工团队，不仅能通过整理图书馆书架，减少图书乱架、错架等现象，也能通过维护图书馆纪律减少图书丢失、损坏和错借等现象。

4.严格执行规章制度

严格执行规章制度是做好开架借阅的必然要求。中学图书馆在制定图书馆各项规章制度时，要对开架借阅中存在的偷窃、损坏等现象列出相关处理细则，以便在工作中遇到上述问题时有章可循，避免因处理这些问题而与读者产生纠纷。严格执行规章制度应做到如下几点：一是图书馆工作人员应严格执行规章制度，不能因个人私交或其他原因，扰乱整个图书借阅工作；二是加强防盗措施，安装图书防盗门禁和摄像头，定期检查设备是否正常运作，从而确保规章制度的严格执行；三是对违反规章制度的读者，以批评教育为主，视情节轻重给予处罚。

5. 合理布局书库

合理布局书库是做好开架借阅的最基本保障。合理布局书库是为了方便读者查找和利用文献资源，把"为读者服务"放在首要地位，充分体现"以人为本"的人性化服务理念。具体可采取以下措施：一是优化馆藏布局。中学图书馆要结合图书馆实际情况，提供馆藏文献分布指南，在书库入口处设置详细的平面图，标明各类图书的分布情况，在书架上详细标明图书排架号，从而使读者了解整间书库图书排架的布局。二是根据读者需求设立专门书架，如新书架、诺贝尔文学奖获奖作者专架、茅盾文学奖获奖作品专架等。三是在书库各角落放置流动车，指引读者将不清楚位置的图书放置在书车上，以减少图书的"错架""乱架"现象。

四、借阅服务中的读者隐私权保护

2018 年修订的《中小学图书馆（室）规程》第二十二条中专门提到隐私权保护问题，图书馆应该"妥善保护师生个人信息、借阅信息及其他隐私信息，不得出售或以其他方式非法向他人提供，保障信息安全"。在图书馆服务中，尽管图书馆员可能并不主观故意泄露或侵犯读者隐私，但有可能会在无意中侵犯读者的隐私权。比如，有的图书馆将借书超期不还的读者公布在图书馆网站；又如，未经许可，将读者借阅图书的信息提供给第三方。图书馆应该避免侵犯读者隐私权。

第三节　书目推荐

"每个读者有其书，每本书有其读者"，一直是图书馆员的工作信仰，也反映了图书馆工作的核心任务之一——帮助读者找到适合的书籍（馆藏），这一任务主要通过书目推荐工作来完成。

一、书目推荐的定义和类型

（一）定义

书目推荐是指针对某个或某类读者对象，根据其阅读需求，了解其阅读偏好，向其提供合理的阅读建议，推荐合适的阅读读物。简而言之，书目推荐是帮助读者找到阅读读物的过程，也是最基本的阅读推广形式。它注重读者与馆内阅读资源之间的匹配，能够充分利用现有的馆藏资源。书目推荐是阅读推广的基本方式，很多读者并不知道某一方面有哪些优秀的图书、期刊或者数字资源，这就需要图书馆做好推荐工作。图书馆在进行推荐的时候以馆藏推荐为主，但是并不完全限定在馆藏。另外，推荐的范围也不限于图书，还包括杂志、电影、游戏等多种资源。

（二）类型

1. 阅读咨询

图书馆员可能经常碰到读者来询问这类问题："您能帮我推荐一本侦探小说吗？""我想看名人传记，您能帮我推荐一本吗？"不管是口头的询问，还是通过网络进行的询问，对这类询问进行一对一的解答，便是阅读咨询服务。

2. 编制推荐书目

图书馆员编制推荐书目，并以读者易于看到的方式推送。这种书目推荐方式不需要与读者进行直接沟通，是一种静态交流方式。

3. 荐书会（Book Talk）

不同于面向个体读者的阅读咨询，荐书会主要面向某一个特定群体开展荐书交流活动。

4. 主题书展

围绕一个主题，将所推荐的图书以吸引读者的方式展现出来。

二、阅读咨询

阅读咨询是一种个性化的书目推荐服务，馆员在提供阅读咨询时，一般会通过面对面的交流或让读者填写咨询表单等形式了解读者的阅读偏好、阅读动机和阅读能力，在此基础上进行图书推荐。

（一）阅读偏好

图书馆员一般会通过询问或收集读者的基本信息，比如年龄、性别等，以便大概了解读者可能的阅读偏好，同时通过询问读者"最近读什么书""最喜欢的书""最不喜欢的书"等问题，了解读者具体的阅读偏好。

（二）阅读动机

阅读动机不同，所需读物也会有所不同，因此馆员应该和中学师生进行沟通，了解其阅读动机，即阅读书籍是否为了完成一项作业？若是，则需了解以下方面：是否有（老师／家长）指定的书目？是否有指定的作者，对作者的国籍或性别是否有要求？是否指定了特定的类型，是否有可供选择的书目列表？对书籍的阅读时间和阅读水平是否有要求？在了解读者阅读动机的基础上，才能进行比较有针对性的推荐。

（三）阅读水平／能力

选择一本符合读者阅读水平的书籍是书目推荐中最基本的要求，但不论是年龄还是年级，处于同一层次的读者的阅读能力也不尽相同，这种情况下确定读者的阅读能力就非常重要。即便是中学生这一比较稳定的群体，其阅读水平和能力也会有所区别。因此馆员要通过沟通大致了解学生读者的阅读能力。目前并没有比较合适的阅读能力评测标准，馆员可以通过以下两种方式进行判断：①学生所处年级。通过学生年级能够大概判断学生的基本水平。②通过学生最近正在看或喜欢看的书籍进行判断。通过学生年级可以进行粗泛的估计，再进一步通过学生看过的书可以推断学生的能力，从而进行具体的推荐。

三、编制推荐书目

推荐书目是"为了满足特定人群的某种学习或阅读的需要而开列的一个阅读书单"[1]，通常包括图书的书名、作者、版本、提要或推荐理由等信息。要特别指出的是，尽管称之为推荐书目，但是实际上涵盖的范围不限于图书，还包括报纸、数字馆藏等各种类型的资源，即图书馆所有资源都需要

---

① 邱冠华,金德政.图书馆阅读推广基础工作[M].北京:朝华出版社,2015:49-56.

推荐。

（一）推荐书目的类型

推荐书目类型有多种，按照所推荐图书情况可以分为新书推荐和专题（主题）书目推荐，按照推荐主体可以分为专家推荐、读者推荐、馆员推荐。下面重点介绍新书推荐、专题书目推荐和借阅排行榜。

1.新书推荐

新书推荐是一种常见的图书馆推荐书目。图书馆一般会定期将到馆新书进行推荐，多采用新书陈列的方式（包括专门的新书架、新书展等）。随着网络、微信、微博等信息发布平台的广泛使用，很多图书馆以网络推荐书目的形式进行新书推荐，比如有的图书馆在微信公众号推出"每月新书"栏目，专门介绍一个月以来需重点推荐的新书。

2.专题书目推荐

专题书目推荐是指围绕某一个特定主题推荐适合特定读者的优质读物。专题书目在图书馆工作中历史比较悠久。比如杜定友先生就曾编著过关于日本方面的专题书目。新中国成立初期，图书馆界也曾编制共产主义、鲁迅等不同专题的书目。今天专题书目推荐已经是各类图书馆普遍开展的一项工作。

3.借阅排行榜

借阅排行榜是在分析读者流通数据的基础上开展起来的。分析读者借阅数据可以帮助图书馆员了解读者的阅读偏好，为科学构建馆藏奠定基础。同时借阅排行榜也是一种向读者推荐馆藏的方式。很多图书馆提供周期为一个月、一个季度或者一年的借阅排行榜。有的馆按类提供借阅排行榜，比如文学类借阅排行榜、经济类借阅排行榜等。也可以按照读者类型进行排行推荐，比如"初三女生最喜欢看这些书""高一男生最喜欢看的书在这里"。

（二）编制推荐书目的一般流程

1.确定受众和主题，并撰写导语

编制推荐书目的第一步是确定推荐书目的主题，这一阶段主要考虑以下几个方面：界定推荐书目的受众群体，比如初一女生、新入职教师、缺乏学习自信的学生，等等。主题要符合选定人群的阅读需求，而不是满足全部读者的阅读需求。主题的选择应该与读者的阅读动机、阅读情境相结合，了解读者阅读动机是为了增长知识、提升素养还是寻找娱乐消遣。选择的主题应该比较切合受众人群的特点和需求。

（1）融入读者解决问题的过程

编制推荐书目要突破以书为中心的思路，要以读者为中心进行推荐。公共图书馆在进行绘本推荐时，会选择"怕黑""看牙医"这样的主题，这些都是儿童在成长过程中会遇到的问题，通过书目推荐可以帮助儿童和家长解决这一问题。美国西雅图图书馆面向青少年的主题书目推荐包括以下主题：如何申请大学、如何安全上网、如何申请志愿者、如何提高学习效率、如何约会，这些主题也是美国青少年密切关心的问题。因此编制推荐书目首先要清楚了解读者的需求，进而确定主题，帮助读者解决问题。

（2）配合专门的时间节点或热点问题进行推荐

在进行推荐时，除了考虑读者需求和问题之外，还可以结合一些节日和专门时间节点进行推荐，比如青少年特别崇拜的英雄诞辰或者逝世纪念日可以推出关于这个人物的传记或者作品。武侠作家金庸逝世之际，广州大学附属中学图书馆曾对金庸作品进行了推荐，获得了比较多的关注。

（3）标题和导语撰写

标题要明确、吸引人。导语通常包含如下信息：开列此推荐书目的目的，向谁推荐，编制的依据，以及其他可以帮助读者理解这个推荐书目的内容。

例一：这个假期读什么——请看 C1702 班同学推荐的书单

令大家心向往之的寒假生活已越来越近，或许我们已做好了各种各样的假期规划，我们是否已把"读书"列入假期生活了呢？或许我们已下决心"假期要静心读本书"，可看到图书馆琳琅满目的图书，该挑选哪本呢？请看 C1702 班同学图文并茂的分享！

——（摘自清华附中图书馆微信公众号）

例二：开学了，你需要一份书单

尚未从新年的喜悦中回过神来，寒假已经临近结束。新的学期，宜学习，宜思考，宜读书。

小编选取了广附图书馆2017年度外借热度比较高的部分书籍，为大家送上这份开学书单。

——（摘自广大附中图书馆微信公众号）

读书 | 开学了，你需要一份书单

原创 图书馆 广大附中图书馆 2018-02-25

尚未从新年的喜悦中回过神来，寒假已经临近结束。新的学期，宜学习，宜思考，宜读书。

小编选取了广附图书馆2017年度外借热度较高的部分书籍，为大家送上这份开学书单———

图4-2　广州大学附属中学图书馆书目推荐推文截图

2.收集初始书目

如何在浩瀚的书海中挑选出优质书籍，是编制推荐书目过程中的重点，也是难点。可以借助以下工具来收集初始书目：权威获奖书目（文津图书奖、诺贝尔文学奖等）、销售排行榜（当当网、亚马逊网等）、专业书评（豆瓣网、专家、作者等）、读者推荐，等等。图书馆收集初始书目时还需考虑书籍在馆内是否有收藏。

（1）学生推荐

中学阶段的学生有一个鲜明的特点，就是凡事喜欢自己做主，因此面向中学生的图书馆服务在设计过程中应该充分发挥中学生的能动性，让他们积极参与。可以让中学生自己设计服务项目，自己进行馆藏选择。在推荐书目方面，可以让学生进行推荐，在学生推荐的基础上编制推荐书目。清华大学附中图书馆曾向学生征集寒假书目发送推文："这个寒假读什么——请看C1702班同学推荐的书单"。

读者进行推荐的方式多种多样。比如苏州独墅湖图书馆在阅览室放置图书推荐树，树上挂满了小卡片，读者可以把他认为值得推荐的书的书名和推荐理由写到卡片上面。还有图书馆充分利用微信公众号，将读者荐书的音频和文本发送到公众号上面，也是充分调动读者参与积极性的尝试。推荐的方式也不局限于写推荐语，可以采用丰富多样的方式，让读者通过制作视频、绘画等方式进行推荐。美国一个学校图书馆员曾提出采用让读者贴星星评价法，读者还书时，如果认为该书值得推荐，就在书脊上贴一颗星星。这样做的好处是一目了然，很容易知晓其他读者的阅读推荐情况。不管采用哪种方式进行推荐，需保证读者推荐的可见性。

（2）教师推荐

除了学生推荐之外，教师推荐也是一个非常重要的途径。图书馆员可以联系各个学科的老师，请老师们开列面向不同年级学生的推荐书目。比如请科学老师开列科普类读物，请历史老师开列历史类、人物传记类读物等。

3.选定具体书目

（1）选择高质量的适合目标群体的图书（文献）

在众多初始书目中，不是每一本书都值得推荐，为节省读者选择图书的时间、提升读者的阅读体验，必须认真筛选图书。选择具体书目时主要是对图书本身质量进行评估，包括图书的外部特征：作者、出版社、版式设计（封面、纸张、印刷字体、排版、尺寸）、目录、引用、版本版次、有无错别字等；图书的内容特征：写作技巧、语言文字、思维逻辑、内容真实性、故事情节、人物刻画、作品中传递的世界观人生观和价值观等。

（2）推荐数量以节省读者选择的时间为第一考虑要素

在推荐书目的数量方面，每次推荐数量不宜过多。书目推荐工作的一个重要目的是节省读者进行选择的时间，如果推荐数量过多，则不能达到节省读者时间的目的。至于每次应该推荐多少种，并没有统一的限定，从目前国外的实践来看，大多数控制在 10 种左右。也有学者提出"7±2"原则，即基础是 7 本，可以在此基础上增加或减少 2 本。每次推荐图书的具体数量可以灵活掌握，但是应考虑读者需要及节省读者时间。如果推荐数量过多，会带来读者选择上的困难，增加读者选择的时间成本。

（3）明确版本

图书馆员确定了书名后，如果有些书版本很多，就需要对版本做出选择。如果不对版本进行明确，读者不知道如何在众多版本中进行选择，推荐书目的效果就会大打折扣。以下两个情况，版本选择尤其重要。

一是外文书翻译版。选择译者和出版社非常重要，图书馆员可以对译者情况进行大概了解，并结合出版社信息综合判断，一般上海译文出版社、人民文学出版社等出版社出版的文学类翻译图书质量比较有保障。

二是古典名著。古典名著由于已经超过版权保护期，进入公有领域，因此被多个出版社以各种形式进行出版，这种情况下，一般应推荐优秀的古籍点校整理本。中华书局、人民文学出版社等出版社的书可以重点考虑。

一本书在同一个出版社也可能有多个版本，比如完整版和普及版，简体字本和繁体字本等，需要在推荐书目中标明。

样例 1:《杀死一只知更鸟》 哈珀·李著，高红梅译，译林出版社 2012 年

样例 2:《史记》（西汉）司马迁，中华书局（全四册，简体横排），2011 年

上述两个例子只是说明在推荐时要写清楚具体的版本信息，具体呈现方式可以变化。目前很多图书馆以微信公众号为平台对推荐书目进行推送，在推送时会加载图书封面，这样图书相关信息也能得到体现。

（4）常见问题分析

明确了书目选择的原则和数量之后，在实际操作过程中还会遇到一些困惑或问题。

问题一：畅销书能不能推荐？畅销书要不要推荐？要回答上述问题需要回到选择书目的原则。选择书目的原则是"适合读者的高质量的图书"，因此是否畅销并不是选择的依据。销量和质量并不是一一对应的关系，畅销书的产生有多种因素，如商业包装推广，迎合低级趣味等。因此畅销和高质量不能画等号，不能因为某本书销量大或者借阅量高就进行推荐。同样我们也不能对畅销书一味地排斥，需要图书馆员或者老师在认真分析后，判定该书是不是适合读者的高质量图书。

问题二：如果这本书已经广为人知，大多数人都看过，是不是要作为推荐的重点？一方面，为了建立读者的阅读安全感，推荐书目中会包括读者比较熟悉的书目，但同时也需要拓展读者的阅读范围。推荐的目的是让读者去了解推荐的图书，从而激发他们的阅读欲望，去阅读所推荐图书，因此推荐中应包括不被读者了解或熟知的图书——那些不经过图书馆推荐，读者永远不会去读的好书。

美国图书馆员南希·珀尔的书目推荐技巧

当读者向图书馆员询问自己接下来该看什么书时，图书馆员应该设法向他推荐三本书。

第一本应与读者喜爱的书非常接近；

第二本要与读者喜爱的书有少许差别，略有延伸；

第三本则是彻头彻尾延伸的图书。这种书不是小说，读者永远不会自己找来看。

人们走进图书馆，往往会直奔曾给自己带来最大快乐的区域，而我们的工作就是要让他们转转其他地方。[1]

---

① 肖燕.应对变革:30年来美国图书馆楷模人物撷英[M].北京:国家图书馆出版社,2019:227.

问题三：读者喜欢什么，我们就推荐什么吗？这个问题涉及图书馆的定位问题。图书馆一直存在价值论和需求论的摇摆纠结。所谓价值论就是图书馆构建馆藏资源时以提供有价值的文献为主，需求论主要是指提供读者需要的文献为主。这二者并不完全矛盾，很多有价值的文献也是读者需要的文献，但是也有不一致的地方，比如读者需要的文献，馆员可能认为是没有价值的文献。图书馆在进行推荐时需要注意需求论和价值论的平衡，需要考虑读者当前的阅读水平和阅读需求，但同时也需要考虑读物对读者的价值。图书馆是一个教育机构，特别是学校图书馆，其教育职能更加突出，在进行书目推荐时，应该在读者当前基础上促使他们提升自己的阅读水平和品味。

问题四：图书馆员没有读过，是否可以推荐？要回答这个问题需区分两个概念：读过和了解。尽管图书馆员可能没有阅读过某一本书，但是通过其他渠道对这本书有相当的了解，比如通过书评或者通过其他读者的反馈，那么就有进行推荐的基础。当图书馆员面临推荐一本没读过的图书时，可以通过不同渠道来源对被推荐图书进行评估分析，例如获奖情况、专业书评、读者推荐等，或通过观察图书的外部特征辨别图书的质量，决定是否进行推荐。

4. 编写推荐语

好的推荐语能够激发读者的阅读兴趣。馆员在对所推荐书目有一定了解后可以编写推荐语。推荐语的撰写要注意以下几点：确定受众群体并深入了解该受众群体的阅读特点；在推荐语中体现受众群体的兴趣点；推荐语的语言风格符合目标用户特点。

撰写推荐语需要注意的问题：①推荐语不是内容简介。有些图书馆在撰写推荐语时直接复制该书的内容简介，这种做法一方面起不到推荐的作用，另一方面会带来一些负面影响，读者会认为图书馆员没有认真进行推荐，因此不鼓励这种做法。②推荐语不是商家广告，不必将销售册数过度渲染。当然如果某个特别受中学生欢迎的明星曾经推荐过该书，可以作为一个吸引点写入推荐语。③推荐语不是炫文笔才学，重点并不在于馆员自己对该书的理解有多么深刻，而在于如何引起读者的阅读兴趣，进而产生阅读行为。

5. 推荐后续活动的设计和开展

图书馆进行馆藏推荐的目的是促进读者阅读,列出书目只是第一步,应该设计后续激励活动,让更多的读者去阅读所推荐的图书。激励机制的设计要围绕推荐书目面向的读者群的特点展开。英国的暑期阅读项目利用游戏进行激励,必须读完两本书才能到图书馆员处领取游戏解锁密码,玩更高一级的游戏。此项举措取得了较好的效果。激励机制设计的核心在于切合读者群感兴趣或者在意的事情或事物。另外,书目推荐后还应该进行借阅量变化情况的统计,从而分析书目推荐的效果。

四、荐书会

荐书会(Book Talk)是指图书馆员面向一群读者介绍分享一组图书的书目推荐活动,目的在于引起读者的阅读兴趣。有人形象地将荐书会比作是电影的预告片,越能吊起读者的胃口,就越能达到预期的效果。如果读者在听了介绍后会产生一种阅读的冲动,那就证明荐书会是成功的[①]。荐书会是美国图书馆界普遍采用的阅读推广方式,之前主要是馆员面向一群读者进行荐书活动。现在的荐书活动也拓展至网上,图书馆将馆员荐书视频放置于图书馆网站和微信公众号、抖音等社会化媒体。国内图书馆界近年也开始采用这一形式,比如邯郸图书馆的"南瓜时刻",馆员为每本推荐图书录制一分钟左右的荐书视频,上传至网络。但整体而言,荐书会在我国图书馆界开展并不普遍。

(一)荐书会的类型

①故事情节型荐书会:通过介绍图书的故事情节向读者推荐图书。

②人物刻画型荐书会:对图书中的人物形象、人物之间的关系进行简要介绍。

③简介型荐书会:选择书的简介或是一个片段大声地朗读给读者。图书

---

① 潘兵,张丽,李燕博.公共图书馆的未成年人服务研究[M].北京:国家图书馆出版社,2011:59.

第一页的文字、作者的声明都可以作为朗读的内容。

④对话型荐书会：选择书中的几个人物，邀请荐书会中的部分成员参与，共同演绎书内对话场景。

⑤主题型荐书会：选择同一类型的不同图书或是某一作者的全部／部分作品来推荐。

⑥媒体捆绑型荐书会：利用流行媒体的优势，选择与流行媒体相关的图书，比如与电影、电视节目、电脑游戏相关的书进行推荐。

（二）如何推荐一本书？

一般来说，对单本书的推荐包括开头语、情节、悬念和结束语，时间在半分钟到 5 分钟之间。

①开头语。开头语是指转接到即将要介绍的一本书的衔接语。在准备荐书会书单时应注意所荐图书的排列次序，以便于迅速转接到对下一本的介绍。

②情节。介绍书中最具有吸引力的地方。读者不需要知道整个故事，他们想知道的是为什么我们会喜欢这本书，让他们对所荐图书保持新鲜感。

③悬念。吸引读者的主要设计，包括动作、道具，陈述这本书主要的吸引点，吊住读者的胃口，吸引读者阅读。一般用到的方法有提问，模仿书中的主人公的口音和语气，提到书中的悬念等。如果不擅长表演和使用道具，也可以不用，最重要的是以一种自己感到舒服的方式引起读者的阅读欲望。

④结束语。不能以"这是一本好书"作为每本书的结束语，应精心打磨，找到这本书可以进行讨论的地方，通过重新提及题目和作者，自然过渡到下一本书。

（三）荐书会应该注意的问题

①读者可能会提出与图书相关的问题，因此不要推荐自己没有读过的书。

②荐书会中不要谈论不读某本书的理由，要多谈论一些积极的内容。

③不管你的个人阅读偏好如何，都要关注读者的阅读品味，读者会喜欢什么，即使你不喜欢某种类型或者某本书，只要它能够吸引读者，都应该进行推荐。

④不要把书中的内容全部说出来，要有所保留。

⑤不要告诉读者结局。

⑥不要对书中的内容进行夸张，要真实展示图书。

⑦用自己的话概括，不然就是在剽窃。

⑧要讲述书中具体的例子和细节，不能仅仅只说这是一本很好的书。

（四）荐书会的替代活动 [①]

一场精彩的荐书会能吸引学生阅读被推荐的图书，但是荐书会并不是学校图书馆唯一有效的阅读推广活动形式。在图书馆不具备开展荐书会条件的情况下，还有其他一些替代活动同样可以激发孩子们的阅读兴趣。

1.图书速配（Book Speed Dating）

学生参加图书速配活动能快速找到他们想要阅读的图书。学生选择图书开始阅读之前需要了解图书速配活动的规则。图书速配活动参与学生以12—24人为宜，设置3—6桌，每桌坐4人，每张桌子上摆放由馆员精心挑选的8—10本同一类型的图书，不同的桌子摆放不同类型的图书。安排几张桌子意味着要进行几轮图书速配游戏，每轮都给学生4分钟的时间选书。例如有20人参加，图书馆员可以选择5张桌子作为图书速配桌，将书平摊摆放在桌面上，允许读者快速扫读封面。

安排5张图书速配桌也就意味着进行5轮图书速配游戏（每桌一轮），每轮都给学生4分钟的时间选书。

第1分钟：学生需要找一张桌子，快速浏览桌面上的所有书。

第2分钟：学生可以拿起他们最感兴趣的图书，阅读封面封底上的内容。

第3分钟和第4分钟：学生选择一本书并从第一页开始阅读。

在一轮图书速配活动（4分钟）结束之后，学生如果有喜欢的书就会带到下一桌，开始新的一轮图书速配活动，重复上述4分钟的选书过程。学生如果在新的图书速配桌上发现有更好的书，他们可以随时停止阅读上一轮他们选择的图书。

---

① 本部分内容由刘可歆编译自：LEWALLEN K. Five alternatives to Book Talks[EB/OL].（2017-11-21）[2021-11-28]. https://programminglibrarian.org/blog/5-alternatives-book-talks；KOCHER B. Blind date with a book for adults[EB/OL].（2016-06-21）[2021-11-28]. https://programminglibrarian.org/programs/blind-date-book-adults.

图书速配在短时间内为学生提供更多类型的图书供他们选择，克服了荐书会存在的一些问题。例如，有些图书馆员不适合做学生的荐书官，不能适应在众人面前荐书的环境。另外，在馆员还没有及时阅读新书或馆员想要推荐的图书可借出的复本有限的条件下，图书速配活动可以更为广泛地满足各年龄段、各种类型图书馆读者的阅读需求。

2. 蒙面图书（Blind Date with a Book）

在图书速配活动中，学生会非常注重对书的第一印象，因此绚丽出彩的封面往往会给人留下深刻的印象。但是通过"蒙面图书"的活动，学生能够通过内容而不仅仅是从封面艺术认识一本书。图书馆员通常采取的做法是用棕色纸给图书包书皮，或者将图书放入棕色纸袋中，在书皮或者纸袋外部写上书名或书中的名言、图书的简单介绍。学生通过阅读书名和导语而非封面来选择图书。

在活动结束后可以让读者评价此次选中的图书。美国密苏里谷公共图书馆（Missouri Valley Public Library）让读者填写"约会评分"卡片，询问他们是否喜欢这本书。约会评分的选项包括："真爱"、"只是朋友"和"再也不见"。填写卡片的读者可以参与抽奖活动。

此类活动也可采取线上形式开展，将图书所属种类和简短介绍放到网上，读者如果感兴趣，点击拆封按钮就能看到书的封面。图 4-3 左侧为拆封前的介绍，可以看出这是一本历史小说，并且提供了简单的提示"二战时期普通人的生活是什么样子？镇静和坚持"，点击"解封"按钮后，会显示出右侧的封面，这本书是《伦敦最后一家书店》。

3. 图书预告片（Book Trailers）

具有独特魅力的电影预告片可促使观看者走进影院。那么同样集音乐、视频和画外音要素于一身的图书预告片，也能吸引读者走进书本的世界开始阅读。有一些出版社制作了新书预告片，内容包括与作者的简短问答。图书馆员可以参考出版社的新书预告片，寻找视频制作平台创作图书预告片，或者由学生动手为他们喜欢的图书制作图书预告片。

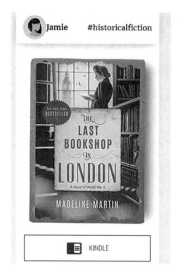

图 4-3 网络版蒙面图书

图片来源：https://www.bdwab.com/.

4.学生书评（Student Book Reviews）

学生书评是学校图书馆推广阅读的好方法。学生为自己非常喜欢的书写下书评，馆员将书评发布在图书馆网站上，并在流通台附近陈列学生推荐的图书。学生有乐于分享阅读的天性，图书馆员可以为学生们创造阅读分享的机会，安排高年级学生向低年级学生推荐图书，学生在班级内推荐图书。有学生参与的荐书活动，往往更加成功。

五、专题书展

陈列完美的图书不仅是图书馆的最佳装饰，更可以激发读者的阅读兴趣，并影响他们的阅读心境。因此中学图书馆可以在图书陈列和展示方面进行一些努力，这里主要介绍专题书展相关内容。

（一）地点的选择

如果选择一个热闹过道的阴暗角落作为书展地点，大概没有什么人会留心去参观。一个理想的书展地点，应该允许读者好好地站着欣赏，而不会被来往的行人推挤。此外，还需注意光线是否充足，如果经费允许的话，打上聚光灯，就更能吸引人。

（二）陈列方式

图书应该怎么陈列，用什么样的材质来设计背景，空间应如何规划，如何将图书码放成吸引学生的形状，以及该用什么样的标题和字体等诸多事宜，都需要认真考量，不能随随便便应付了事。可以从书店或者美术馆的陈列中获得一些启发。关于陈列数量也值得费心考虑。如果书零零星星散置在书架上不会吸引人，但是如果挤上太多书，效果也会打折扣。

图 4-4　上海市民办平和学校图书馆的艺术主题书展

注：本书中的照片，如无特殊说明，均由相关图书馆提供。

（三）展示和借阅相互衔接

中学图书馆进行专题书展的目的是让读者能够了解图书馆的馆藏，从而让读者去借阅，因此要站在读者的角度去思考。如果读者看中了一本书，迫不及待地希望马上开始阅读，那么就需要图书馆能够提供即时借书服务。另外需要考虑的是复本。展示的图书最好有复本，以免因无书可借而打消读者的阅读积极性。

第四节　读书会

按照钱伯斯的阅读循环圈理论，阅读循环始于选书。书目推荐解决了选书问题，读者在选定图书后进行阅读，在阅读中需要和别人进行交流，读书会是进行阅读交流的重要平台。本节着重探讨中学图书馆应该如何运营和培育读书会。

一、读书会和中学图书馆

图书馆界对读书会有两种理解：一是指图书馆举办的阅读交流活动；二是指一种自发的学习性团体，这类团体以定期讨论所阅读的图书为主要活动，以起到抱团读书的效果。如果只是偶发性地举行阅读交流活动，阅读推广效果会打折扣，图书馆应该从发展读书会这一学习性团体的视角来理解读书会。

（一）认识读书会

1.读书会的内涵

顾名思义，"读"是指阅读行为；"书"是阅读对象，但并不局限于实体书；"会"指一群人聚在一起。对字面意思进行剖析，读书会即对阅读的读物进行分享和交流的团体。

读书会，英文对应有 Reading Group、Book Group、Book Club、Reading Club 等名称。在不同时期，中文也有不同的称呼，比如民国时期很多读书会采用读书劝导会、读书互助团、读书竞进会的提法，新中国成立初期多以读书会和读书小组命名，今天则多以读书会、读书俱乐部等命名。

综观国内外对于读书会的论述，目前对于读书会并没有统一的界定。邱天助认为"读书会是一个自主、自助、自由、自愿的非正规学习团体，透过成员对共同材料的阅读、心得的分享与观点的讨论以吸收新的知识，激发新的思考"[①]。读书会的核心特质包括两个方面：一是阅读讨论，读书会的核心不是一起诵读，亦不是专家讲书，而是成员平等地讨论所读书籍。二是小规模，成员数量一般在20人以内。

2. 读书会的类型

中学图书馆读书会主要可以分为两类：一类是学生读书会，另一类是教师读书会。学生读书会还可以按照年级、性别或爱好进行进一步的细分，比如初中女生读书会、鲁迅作品读书会等。

（二）中学图书馆为什么要关注读书会

1. 读书会对中学生的作用

（1）通过同龄人的积极影响力激发对阅读的兴趣

青少年阶段有一个比较鲜明的特点，那就是家长和教师对他们的影响力减弱，同龄人对他们的影响力在增强。组织学生读书会可以充分利用这一特点，通过中学生抱团组队阅读讨论，激发他们持续阅读的动力。

（2）提高学生的阅读能力

读书会一般会围绕一本书展开深入讨论，通过讨论加深学生对读物的理解。学生需要阐述自己对读物的认识，锻炼理解能力和阐释能力。另外，学生通过倾听他人对所讨论书籍的看法，可以丰富、拓展自身对读物的认识。读书会的讨论不同于课堂教学，能够给学生提供一种不同的学习体验。

（3）增强自我认知和社会交往能力

青少年正处于一个情感和发展的剧变期，他们对这个世界充满困惑。世界在迅速变化，但他们缺乏理解、谈论这些变化的工具。读书会为他们提供了利用阅读和交流来整理感情、解答疑惑和了解世界的工具。参加读书会也能够让中学生获得群体的认同感。在参与读书会的各种活动中，孩子们能够提高与他人交流和交往的能力、语言表达和思维能力。

2. 读书会对图书馆的益处

读书会所提供的阅读讨论氛围、阅读推荐和指导以及激发出来的阅读需求，与图书馆的阅读服务目标契合。图书馆通过发展读书会可以获得以下

---

① 邱天助.读书会专业手册[M].台北:张老师文化事业公司,1997:19.

益处：

（1）馆藏资源的推广与建设

一方面，读书会可以提高图书馆的资源利用率。图书馆通过向读书会提供其活动所需的书籍和复本，提高了图书馆馆藏书籍的利用率。另一方面，读书会对图书的需求也推动了馆藏建设。举办读书会有助于促使图书馆根据读书会的阅读需求改变自身的馆藏建设策略，适当增加某些主题的馆藏和改变馆藏结构，使其更加符合大众的阅读需求。

（2）图书馆服务的拓展

图书馆可通过直接举办读书会，或者通过资助的方式服务于读书会，将其作为服务的延伸，拓展图书馆服务的人群、场地和手段。图书馆可以从制度、经费、资源、空间、人才等方面，设置和改善其软、硬件环境，增强自身的服务保障能力，以支持读书会的举办。

3.图书馆在读书会发展中的作用

图书馆应该如何发展读书会？一般首先想到的是图书馆组织一个读书会，这个读书会有完善的管理体系，举办各种各样的活动。但是图书馆的作用不仅仅在于运行一个或两个完美的读书会，图书馆更深层的作用在于让更多的读书会成长发展起来，让读书会遍地开花。这就意味着图书馆承担着推动者的角色。图书馆是读书会发展的推动者这一角色定位，对于中学图书馆来说，具体来说主要包括两个方面：

①运作者。图书馆自己可以运作一个或几个读书会，包括学生读书会、教师读书会。学生读书会还可以按照年级或性别或爱好进行细分，比如科幻小说读书会、女生读书会等。

②培育者。图书馆不应只局限于作为读书会的运作者，更应该是培育者。图书馆可以和班主任或语文老师充分合作，建立班级读书会或班级读书小组，并且为读书会提供专业指导和帮助。

二、读书会的运作

（一）筹备

1. 确定读书会的成员构成

青少年读书会的成员构成比成年人复杂。必须考虑参与者的年龄范围，考虑读书会是由单一性别构成还是男女混合形式。很多研究表明，男孩子的阅读意愿和阅读能力普遍比女孩子低。英国国家素养基金会（National Literacy Trust）2005 年调查了英国 8000 个 5—18 岁孩子的阅读习惯和偏好，结果显示男孩不如女孩热爱阅读并且他们大多对阅读抱消极态度。因此，参加读书会活动的男生可能会感到不自在和寡不敌众。一个只针对男生的读书会可以帮助男生减少不自在感，并在某种程度上消除将读书会视作女生活动的偏见。而男女混合形式的读书会可以帮助处于青少年时期的孩子锻炼与异性的沟通和交往能力。

2. 确定读书会的时间和地点

读书会举办的地点影响读书会的基调。读书会一般是在图书馆内举行。除了在实体地点举办读书会，还可以举办线上读书会。线上读书会可以增加可参与的人数，并突破诸如时间、地点和交通等限制。

3. 拟定读书会的章程

读书会成立后，可以由会长带领全体会员订立章程，使会员对读书会的宗旨、特色、成立的历史、组织形态、会务发展等有比较充分的了解，并能遵守规范，顺利推动会务。一般章程的主要内容有：

①会名：包括全名与简称，并简要说明会名的由来与意义。

②宗旨：确立读书会的宗旨。

③会员入会方式：读书会参与者资格限制及入会方式。

④权利：说明入会会员享有的权利，比如是否享有借书优待等。

⑤义务：对读书会会员应遵守的章程、规章制度及其他经会议通过的决议加以说明。

⑥组织：对读书会的组织形态、各项工作分工及会务运作方式加以说明。

⑦聚会方式：对聚会的时间、活动方式、基本流程等加以说明。

⑧规章制度：读书会的各项规章制度，宜由全体会员共同讨论后确定，并约定共同遵守。

（二）读书会主要活动

读书会一般每周、每半月或每月举办一次阅读活动，每次活动大约2个小时，活动的形式多种多样。读书会的活动主要包括各种阅读交流活动以及拓展活动。读书会的类型宗旨不同，其活动也有比较大的区别。读书会的主要活动包括精读分享、好书分享与推荐等。

1. 精读分享

阅读分享是读书会的核心内容。可由读书会成员共同选定书单，会下完成阅读，会上进行交流讨论。一般会由一个带领人引领讨论，带领人可以固定，也可由成员轮番担任。精读分享主要有三个关键性问题：讨论读物的选择、设计讨论问题以及确保讨论顺利进行。

（1）讨论读物的选择

一般来说，应该讨论哪本书或者哪些书可以由读书会成员商定，也可以由图书馆员指定。不管是哪种方式，其中一个关键点是这本书应该是"可讨论的"。有一些书尽管质量比较高，但并不一定适合讨论。

（2）设计讨论题目

不管是图书馆员充当带领人，还是由读书会成员轮流担任带领人，都会面临讨论题目的设计这一问题。设计讨论题目时可让每个成员准备一个讨论题目，每个人所关注的重点不同，这样会让整个群体有更多的视角。

（3）引导讨论

阅读讨论的顺利与否取决于两个要素：一是读书会成员共同理解与遵守的讨论规则，二是带领人的带领技巧。

为了避免让讨论成为轮转式的读书心得报告，或者是长篇大论的英雄式演说，有必要在读书会成立之初制定或者约定讨论守则，从而使学生或者老师了解讨论的真谛。

美国名著阅读基金会创立时曾提出阅读讨论的原则，包括：①参与讨论前认真阅读选择的书籍。确保所有参与者为讨论做好准备，有助于防止讨论偏离主题。②用所读文本中的证据支持讨论中所表达的观点。这一点有助于将讨论集中在对读物的理解方面，能够帮助读书会成员从文本中去探索不同的解读，并且进行理性判断。③在对选定文本充分理解之后再去探索文本之外的内容。对选定文本的充分理解能够帮助读书会成员更好地理解文本之外的内容。④听取其他参与者的观点，并积极回应。向其他小组成员（不仅是带领人）提出自己的观点和问题，将使讨论更生动、更有活力。⑤读书会带领人负责帮助参与者形成他们自己的观点，每个人都在讨论过程中获得新的理解。带领人应该只负责提出讨论问题，而不是给出答案[①]。上述原则在美国图书馆界得到广泛应用。

台湾学者林美琴曾提出一个简单易懂的青少年读书会讨论守则，具体如下：

青少年读书会讨论守则

> 勇于表达自己的观点；
>
> 认真聆听他人的观点；
>
> 每个人都有表达意见的权利；
>
> 接纳别人感受，尊重他人意见；
>
> 针对议题讨论，避免离题或各说各话；
>
> 讨论不是辩论，避免争论对错与价值观判断；
>
> 避免意气用事或者恼羞成怒，也不做人身攻击；
>
> 与所有参加者进行讨论，避免私下窃窃私语；
>
> 协助和配合带领人的带领[②]。

制定讨论守则并不能保证讨论顺利进行，带领人需要具备一定的技巧或者艺术才能更好地带领大家讨论，比如告诉成员不要只是简单地说"我就是不喜欢"，要让他们描述"为什么不喜欢这本书"。再比如，可以设置发言

①　SEDO D R. Reading communities from salons to cyberspace [M]. Hampshire：Palgrave Macmillan，2011：86.

②　林美琴.青少年读书会DIY[M].北京：首都师范大学出版社，2009：95-96.

时间提醒从而避免某些人控制整个讨论。读书会带领人应该注意从以下几个方面提升带领能力[①]。

①带领人的定位：好的带领人是读书会成功的重要因素。不必一定是受过训练或具有经验，但要热忱友善，且是好的聆听者，能为他人着想。最重要的是，了解读书会的概念，知道自己的角色，审慎地准备每一个单元。带领人也不必是每个主题的专家，但应对主题有足够的了解，以便在讨论时引导。另外，要营造一种友善的氛围，让会员在合作、信任的环境下分享意见及观点。带领人不是老师，不必回答每一个问题，他的主要任务是协助会员自己找出答案。

②准备：带领人应充分准备，了解读书会目标，熟悉主题，事先思考讨论如何进行，并准备讨论问题，以协助成员从各个层面考虑讨论主题。充足的准备将使带领人可以将全部注意力放在与成员的互动上以及了解每位成员说了些什么。

③开场：以轻松、愉悦、热情的语调欢迎每个人，并创造一种让参与者自由表达观点及回应他人的氛围。适度的幽默能帮助参与者放松并协助参与者将焦点放在观点的差异上，而非对某人的攻击。

④建立明确的运作及讨论规则：刚开始时，请参与者协助设计运作及讨论规则，并经全体同意后实施。让每个人都有被倾听的机会，不要让任何人独占讨论环节，要设法让每个人加入讨论。所有观点都应被尊重。不允许轻蔑的言语、指名道姓、贴标签或个人攻击。

⑤协助团体集中讨论内容：依照既定规则引导读书会进行，且保持中立。促使读书会参与者集中于讨论内容，并注意参与者彼此沟通情形，如谁说了，谁尚未说，谁的观点未得到公平的倾听。不要在每一个评论后再加意见，也不必回答每一个问题，要让每个参与者直接回应别人。最成功的带领人说得少，但总是想到如何让读书会朝向目标运作。不要害怕沉默，对于提出的问题，有些人需要思考后回答，人们需要时间思考。读书会不是辩论会，而是一种团体的对话，如果参与者忘记了这点，应要求参与者尊重基本运作规则。

---

① 邱天助.读书会专业手册[M].台北:张老师文化事业公司,1997:115-123.

⑥保留足够的时间做结论：利用最后 20 分钟进行正面的总结。要求参与者分享任何新的观点或想法。提醒下一次聚会时间、阅读书籍及讨论主题。感谢每位参与者的贡献。

2. 其他活动

（1）好书分享与推荐

和精读分享的区别在于，好书分享与推荐活动不一定是全体会员共同读一本书，活动不设主讲人，参与者轮流介绍自己的书籍。很多读书会采用好书推荐的方式，每个会员可以在读书会的交流平台上分享自己的阅读心得和体会。例如，广州少年儿童图书馆推出的"带上好书去旅行"阅读体验分享会活动，以"旅行"为主题，由参与者推荐和介绍书籍并讲述自己的旅行经历[①]。

（2）专题讲座及主题沙龙

专题讲座与主题沙龙活动参与的人数比较多。可以邀请著名学者就某个专题或某本书籍举办专题讲座；也可由组织者选定主题，邀请 3 个以上嘉宾就某一话题开展主题沙龙或现场讨论，在主题发言后观众可与嘉宾互动。

（3）其他拓展活动

除了阅读活动，还可以结合读书会的主题、成员构成等情况，设计其他拓展活动。诸如户外郊游、参观访问等均属于拓展活动内容。广州大学附属中学图书馆的教师读书会——"越读会"就将阅读和运动进行结合，发起"每天一万字，每天一万步"的活动。同时也可以考虑编制读书会会刊，一方面对读书会的活动进行记录和传播，同时锻炼提高学生的写作能力。

"越读会"社团活动纪要

依托图书馆丰富的资源，成立广州大学附属中学"越读会"（教师读书会），本会以"品味、分享跨界阅读"为宗旨，以"越读越有趣"为行动纲领，通过丰富多彩的主题活动，拓展教职工阅读视野，提升个

---

① 广州少儿图书馆."带上好书去旅行"阅读体验分享[EB/OL].（2017-10-21）[2018-02-26]. http://www.gzst.org.cn/gzst/portal/chl/doc/25761.html.

人文化修养，成就自我。

1. 本学期活动开展时间大部分为周四第四、五节课，每月1—2次活动，每次活动前找×××报考勤。希望各位老师准时参加！有事事先请假，按要求，无故缺席三次以上自动退出社团。

2. 本学期计划开展星巴克咖啡文化赏析、《狼图腾》导读、版刻艺术欣赏及实践、读书分享阶段汇报交流等活动。对活动计划与安排若有意见请提出。

2015年5月28日

（三）注意事项

1. 图书馆员需承担督促者和指导者的角色

尽管读书会是一个自发的学习性团体，但是考虑到中学生的特点，图书馆员负有监督和系统指导的责任。因此在读书会规程中应该比较明确地规定每个参与成员的权利和义务。民国时期图书馆在这方面做了很多工作，比如：规定每个成员每月必须读四本书，并且最多只读一本小说；每个参与者要写读后感或者书评，图书馆每次要检查，长期不能完成则需退出读书会[①]。另外，学生需要图书馆员指导阅读方法、读物选择等，这就需要图书馆员要努力钻研关于青少年读物以及青少年心理等方面的知识。

2. 充分发挥学生的能动性

尽管图书馆馆员需要对读书会进行督促和指导，但必须注意不能过多干涉，需要充分发挥学生的能动性。图书馆员尽可能避免将自己的阅读体验强加给学生，要让学生形成自己的阅读体验。引领阅读讨论时要避免表达过多而干扰讨论。尽可能让学生多参与讨论设计、带领讨论等环节。

3. 注意读书会和语文课堂的区别

读书会是不同于语文课的一种方式，重点在于自由深入的讨论和相互启发，但是也应该和语文课本和语文老师相互配合，有意识地选择教材课文的

---

① 赵俊玲,葛文娴.民国时期图书馆发展读书会之研究[J].图书馆杂志,2018(12):20-28.

来源著作进行讨论。

4.选择适合中学生讨论的书籍

在选择书籍时要注意考虑读书会成员构成、年龄、阅读水平、兴趣等。尽量提供多种类型的书籍供选择，确保选择的书籍与读书会中的所有成员阅读水平相符合。选择书籍时充分考虑成员的阅读兴趣。

选择书籍时可以考虑与电影、音乐、电视和时事相关联。将阅读与更广阔的世界联系起来，会让孩子们更快乐、更满意，并帮助他们认识到阅读是他们了解周围世界的最好工具。

三、读书会的培育

（一）争取校领导和授课教师的支持，成立班级读书会

学校图书馆需要根据本校情况，有重点地培育读书会，可以先从一个班开始试验，在班上成立一个或两个读书小组，然后再推广到全校各班。可以从课业压力相对不大的初一或者高一开始做起。这个过程中，学校和教师的支持至关重要。同时也要注意发挥读者中的积极分子或学生义工的作用，以他们为核心，通过他们组织班级或年级的读书会。

（二）为读书会提供支持和帮助

1.提供读物方面的支持

读书会在进行阅读讨论前首先要解决的问题是读物。读书会需要的复本量比较多，图书馆可以考虑为读书会提供阅读资料，一般由读书会进行申请，图书馆主要考虑该读书会需要的资源是否符合图书馆的馆藏发展规划。

2.提供讨论问题等相关资料

在读书会发展比较好的图书馆，已经采用比较成熟的"读书会资源包"的形式向读书会提供相关资料。美国佐治亚州迪卡尔布县图书馆为读书会提供的每个资源包内含有10—12本图书，还包括一些关于作者、写作背景的资料以及引导读书会如何讨论该书的指南。

3.提供适宜讨论的场所

图书馆本身承担着交流职能，图书馆应该为读书会定期开展的主题讨论

活动提供场地。对于中学来说，尽管有教室，但是学生会更倾向于一个不同于教室的场所，因此图书馆在提供读书会讨论空间的时候要充分考虑这一点。如果条件允许，图书馆可以多开辟几个适合 20 人以内的讨论空间。可以是开放式的，也可以考虑和其他区域分隔或者提供独立房间。

图 4-5　广州大学附属中学图书馆读书会分享场景

4. 提供读书会运营方面的培训指导

（1）提供读书会手册、指南等指导资料

英国、美国很多公共图书馆在其网站上为读者提供读书会手册、指南之类的信息，内容主要包括如何确立读书会的宗旨、如何制定读书会的章程、如何确定活动周期、如何选择读物、如何确定规模等问题。这些指导资料可操作性很强。美国西雅图公共图书馆的培训文件就是以"如何进行第一次读书会讨论"开始，细致到"如何选择一本书""该书结局不明确应该如何做""有哪些适宜讨论的问题""脱离书的限制还能想到哪些""如果不喜欢这本书该如何参与讨论"，等等。

（2）培训读书会带领人

读书会活动开展的效果，有很大一部分取决于带领人的能力。因此条件成熟的图书馆应该对读书会带领人进行培训，培训读书会带领人需要具备的关键能力，包括带领讨论的能力和技巧、交流合作能力、数字推广能力等。

5. 进行评优激励

图书馆应该制定奖励制度，对本校的读书会进行评选并奖励，激励读书会更好地发展。图书馆可以定期举办读书会评比，对于活动丰富多样、阅读效果显著的读书会，图书馆可以公开表扬，也可以在资源提供、资金支持等方面给予实际奖励。台湾高雄市图书馆制定了对读书会的奖励办法，给予优秀的读书会团体公开表扬及现金奖励。读书会会员可被优先录用为图书馆义工，参与图书导读活动等。

6. 提供读书会之间的交流

（1）定期召开带领人或小组负责人会议。读书会之间需要进行交流，那么图书馆需要为读书会之间的交流提供机会，从而使各个读书会相互学习，取长补短，形成合力，更好地促进读书会的发展。图书馆可以采用座谈会、小型研讨会的形式将读书会主要负责人召集到一起，共同协商读书会的发展。

（2）提供信息平台。图书馆需要掌握每个读书会的信息，包括读书会的规模、读书会面向的群体、读书会的活动及周期、读书会的阅读读物侧重等，将这些信息进行整合揭示并提供给读者，方便有兴趣参加读书会的人群选择适合自己的读书会。

除了对读书会基本信息的整合，图书馆还可以对读书会的阅读交流情况进行展示。读书会的阅读讨论成果，经图书馆整合后，以展览、网站推荐等多种形式展示出来。

第五节　阅读指导课

阅读指导课是中学图书馆开展读者服务的一项重要工作，也是图书馆发挥教育职能的主要形式之一。阅读指导课是通过课程的方式，按照一定的课程目标和教学设计，有目的、有计划地培养未成年人阅读兴趣，掌握某种阅读技巧及方法的课程，以期提升其阅读素养和自主学习能力。张正和总结了中小学图书馆开设阅读指导课的三种主要形式：一是以图书馆及馆藏文献为平台，以学科教师为主导的形式；二是以图书馆文献利用知识为主，以图书馆员为主导的形式；三是以馆藏文献为支撑，以研究性学习服务为主的形式[①]。新课程改革环境下，对于学生阅读能力和阅读量的要求不断加大。过去中学学校教学中已基本形成以语文学科教师为主的阅读指导课授课模式，而笔者认为中学阅读指导课应该形成全学科教师全员参与的格局。

一、课程目标

课程目标是指课程本身要实现的具体目标和意图。它规定某一教育阶段的学生通过课程学习以后，在发展品德、智力、体质等方面期望实现的程度，它是确定课程内容、教学目标和教学方法的基础。从某种意义上说，所有教育目的都要以课程为中介才能实现。事实上，课程本身就可以被理解为是使学生达到教育目的的手段。课程目标是整个课程编制过程中最为关键的指导准则。张树华和董焱曾经对阅读指导的目标进行阐述，主要包括如下几个方面[②]。笔者认为这些目标同样适用于阅读指导课，因此摘取主要观点如下。

（一）提高学生的阅读能力

中学生的阅读潜力非常大，阅读范围很广，如果不加以正确引导，不仅浪费时间和精力，而且可能会受到不良书刊的影响。所以，图书馆的阅读指导课不但要满足他们阅读的愿望，还要提高他们对书刊的识别、判断和选择能力；同时通过对阅读方法的指导，提高学生阅读的速度和消化吸收能力，使学生能够阅读到更多的有益书刊。

（二）提高学生利用图书馆学习的能力

通过阅读指导，图书馆员帮助中学生了解有关图书馆的知识，以及利用

---

① 张正和.常州市中小学图书馆阅读指导课的探索与实践[J].中小学图书情报世界，2005（3）：45-46.

② 张树华,董焱.中小学图书馆工作概论[M].北京:海洋出版社,1993:142-143,145-147.

图书馆这个第二课堂进行学习的意义，养成终身学习的习惯。图书馆员向中学生介绍如何使用本校的图书馆，吸引他们来馆并学会利用图书馆，从而受益于图书馆。

区别于语文阅读课程目标更加注重阅读方法的培养，图书馆阅读指导课程的目标应体现在打破学科界限，整合学科知识，在充分利用学校文献资源的基础上，引导学生进行自主学习并开展研究性学习，激发学生课外阅读的兴趣，促进学生养成良好的阅读习惯，掌握一定的阅读方法，从而提高学生的阅读素养。

二、课程设计

课程设计指课程设计内容，围绕课程目标来进行整体设计。阅读指导课的设计应以学生为本，突出学生主体地位，教师通过阅读策略指导和组织有关专项练习，使学生掌握阅读方法，充分调动学生广泛阅读的积极性。本课程通过课上指导与训练、课下巩固练习，培养和锻炼学生自主学习能力，促进师生共同发展与和谐师生关系的形成[①]。

主要教学内容应该包括如下方面：

（1）阅读认知方面的培养。通过介绍古往今来著名人物的成功与阅读的关系，以及发掘和推广本校读者的阅读经验，使学生认识阅读的重要意义。

（2）图书选择方面的指导。向读者推荐各个领域的优秀读物，扩大读者的阅读视野。教育学生学会选择优秀读物，抵制格调不高、内容不健康的书。要注意正面教育和疏导相结合，不应该采用单纯禁止的方法，应该引导他们自觉选择优秀读物。同时适当引导学生正确选择和使用教学参考资料。

（3）阅读方法方面的教育。包括精读、泛读等各种读书方法，做笔记的方法（含思维导图），阅读不同类型读物的方法，阅读计划的制订和实施等内容。

（4）图书馆相关知识。包括图书馆的一般知识、图书馆的发展历史、图书馆的社会功能、本校图书馆介绍（包括资源和服务）等方面。目前图书馆

---

① 谭颖群.基于阅读素养的阅读指导课程研究[J].教育参考,2018（4）:85-89.

教育主要围绕本馆情况介绍，如果是在阅读指导课上介绍图书馆相关知识，应加强对图书馆文化的讲解，要让学生了解图书馆在社会中的作用，了解作为文化教育机构的图书馆。

三、开设课程需要注意的问题

中学图书馆阅读指导课的开设，需要考虑以下几个问题：

（1）角色问题。馆员需要明确自己在阅读指导课中处于什么样的角色——是由自己完全主导的课程，还是以学科教师为主导的课程。以图书馆馆员为主开设的阅读指导课，馆员是课程的指导教师，也是课堂教学的主要组织者。以学科教师为主开设的阅读指导课，馆员以文献信息提供者身份或文献保障、课堂支持身份介入教学课堂，成为辅助学科教师的一员。若以馆藏文献为基础开展的项目式研究性学习，馆员是馆藏文献与学生之间的桥梁，在阅读指导的过程中应充分体现"为人找书、为书找人"的宗旨。

（2）学生是主体。阅读指导课的主体是学生，教师只是辅助，应该突出学生的主体地位，充分调动他们的主观能动性。教师或者馆员只是一名旁观者，对学生的自主阅读加以适当的引导。

（3）课程内容设计。课程内容设计不建议"大而全"，而要"精"。课堂上的时间有限，向课堂40分钟要质量，课程设计必须紧扣课程目标，每次阅读指导课解决一个或两个知识点，逐步提升学生阅读素养，切勿操之过急。

（4）阅读成长档案。重视阅读过程及学生阅读成长档案的记录。阅读是学生精神成长的过程，完善并重视学生阅读成长档案的建立，是阅读指导课体系化的一种表现。阅读成长档案详细记录学生阅读的轨迹，包括阅读的书目篇章、字数、速度以及在阅读过程中产生的思想，课堂中或课后对课程的反馈等。

（5）注重对教学的总结和反思。阅读指导课结束后，应该对课堂教学进行回顾与反思总结。对于课堂教学中出现的突发事件进行总结，方便以后教学做好预案；对课堂目标和设计内容进行反思，通过课堂实践，验证两者是否统一，并根据课堂反馈及时对目标和设计进行修改；对课堂主体（学生）的反应做出判断，如目标及内容是否适合学生，难度系数到什么程度，多大学生比例能达到预期教学课堂目标等。一堂优质的阅读指导课需要反复打磨，反复修改。

四、阅读指导课案例

案例一：上海市民办平和学校图书馆课程中的阅读指导相关内容

为培养初中部学生的图书馆素养、阅读素养和信息素养，上海市民办平和学校图书馆开设图书馆探秘课，每周由图书馆老师在图书馆的专用教室授课，共 13 课时，其中"认识图书馆"3 课时，"阅读兴趣和技能提升"5 课时，"检索小能手"5 课时。每课时 70 分钟。"阅读兴趣和技能提升"部分主要内容如下：

1. 一本书的诞生：介绍寻找自己喜爱的图书的方法及一本书如何出版发行。

2. 阅读的目的与层次：了解阅读的目的和阅读层次，使学生对阅读行为有深刻的认知（参考图书《如何阅读一本书》）。

3. 阅读不同读物的方法：介绍阅读小说、戏剧、诗歌、实用性图书及科学类读物的方法。

4. 读书笔记与读书会：介绍读书笔记类型及做笔记的方法，了解读书会的一般形式。

5. 有趣的读书会：组织一场班内的读书会，每位同学分享一本喜爱的图书，读书会的流程为破冰暖场、分享环节、投票选出全场最佳。

案例二：基于平板电脑的语文阅读指导课案例

此案例由广州大学附属中学图书馆员和语文老师合作开展，由语文老师主导，图书馆员主要负责教学辅助，包括电子图书的管理、后台数据的配备、话题的设置和数据的导出。这个案例可以让大家了解图书馆员和语文老师合作的可能路径。此案例针对中学生嗜好电子产品的特点，选用平板电脑进行阅读指导课的尝试。师生通过"微阅读"APP 开展平板移动阅读指导课教学。

一、教学目标

让学生对《红楼梦》思想、人物和艺术有初步认识，根据推荐阅读章节内容选择感兴趣的《红楼梦》人物进行点评，形成阅读感悟；同时师生就某一话题展开讨论，产生思维碰撞。

二、教学对象

高一（5）班

三、教学内容

（一）课前预习：阅读指引

教师准备《红楼梦》相关知识，把它们导入电子课程中。

（二）教学步骤

教师在"微悦读"后台管理平台将《红楼梦》电子图书推荐给本班同学阅读。学生利用学号、密码登录"微悦读"软件，按照教师指引进行自主性阅读，结合教师推荐，阅读章节：

第 1 回　甄士隐梦幻识通灵　贾雨村风尘怀闺秀

第 2 回　贾夫人仙逝扬州城　冷子兴演说荣国府

第 3 回　托内兄如海酬训教　接外孙贾母惜孤女

第 4 回　薄命女偏逢薄命郎　葫芦僧乱判葫芦案

第 5 回　游幻境指迷十二钗　饮仙醪曲演红楼梦

第 39 回　村姥姥是信口开河　情哥哥偏寻根究底

第 56 回　敏探春兴利除宿弊　识宝钗小惠全大体

第 74 回　惑奸谗抄检大观园　矢孤介杜绝宁国府

学生自主阅读过程中，利用分享的模式发表阅读感悟。学生可以根据老师创建的话题展开讨论，形成"话题"。

"微阅读"APP 支持老师对学生阅读后写的分享和发的话题进行点评或置顶推荐，点评或置顶推荐的信息及时在学生端显示，并同步在"微悦读"官网滚动显示，对其他同学起到鼓励作用。

学生端主页广场可见班上其他同学的分享、话题和教师置顶的阅读感悟。课堂结束后，"微阅读"APP自动生成课堂教学成果案例。

（三）教学反思

中小学生一方面处于自我控制能力不强，自我习惯还在养成的过程中；另一方面，他们对新奇的事物兴趣极大，但又没有较好的耐心坚持。

在传统阅读模式下，学校常提供电子阅览室或者纸质书籍供学生查阅，这样的阅读模式比较单调和枯燥，特别是面对电子阅览室里面一成不变的桌面电脑，长时间阅读会造成极大的困乏。

"微悦读"互动平台以移动数字阅读为手段，采用移动平板电脑设备，通过配合平板电脑设备的人性化操作和阅读体验，改变学生的阅读感受，先让学生爱上移动数字阅读的体验。同时，配合家长、老师以及同学之间的互动平台，调动学生的参与积极性，让学生自动接受移动数字阅读，从根本上改变阅读习惯，提高阅读和分享能力。

从课堂教学实际来看，学生喜欢并且爱上平板阅读，课程提高了学生整体的阅读素质。因课堂时间有限，由此所带来的线下继续阅读明显增多。

在平板阅读课程中，教师对学生进行有效指导，通过评论、置顶等方式拉近师生之间的距离，而且使教师能同时关注更多同学，促进更多同学阅读成长。

第六节　阅读推广活动的策划与组织

阅读推广活动，英文一般对应 Reading Program。阅读推广活动是指利用一定的资源，在一定时间内开展的旨在提升读者阅读素养的一次活动。

一、类型

（一）各类读书竞赛和挑战

很多图书馆举办了各种书评比赛、视频制作比赛，比如洛杉矶公共图书馆向青少年推出的书签设计大赛、四联漫画比赛（用漫画的形式描绘出他们心目中的图书馆）。汕头大学"读书的那些事"微征文比赛，要求作者用200—500字记录对书的感想、心得体会或者评价等。广州大学附属中学图书馆推出的"发现图书馆之美"摄影比赛，将青少年喜欢的摄影和图书馆相结合，取得了较好的效果。

除了竞赛，还有一些阅读推广活动是以个人挑战的形式进行，并不比出名次优劣，而是设定一个目标，只要青少年达到目标，就给予相应奖励。比如看完两本书，发给学生一个铜牌；看完四本书，发给学生一个银牌；看完六本书，给学生发一个金牌。相较于阅读竞赛，阅读挑战这种形式更为普遍。公共图书馆经常发布各类阅读挑战活动，如暑期阅读挑战、秋季阅读挑战、冬季阅读挑战、年度阅读挑战、阅读马拉松，等等。阅读挑战的目的在于促进读者养成长期阅读的习惯、提高读者阅读量、丰富阅读范围。阅读挑战的设计主要包括以下几种形式：

（1）定量阅读：要求参加阅读挑战的读者在特定时间内完成计划阅读书籍的数量，比如一年完成50本书，6个小时读完一本书等。

（2）定时阅读：要求参加阅读挑战的读者有稳定持续的时间进行阅读，比如每天阅读半个小时。

（3）自由阅读：参加阅读挑战的读者可根据自身的阅读能力制定个性化的阅读任务。美国肯塔基州雷新顿市克雷斯米尔小学的阅读马拉松活动中，将阅读行为比作在宇宙中飞行的火箭。学校图书馆外有一面画着宇宙的墙壁，各大行星按照远近距离就位，上百艘写着学生姓名的火箭准备升空。学生自己制定任务书单，阅读完成后到相关网站回答问题积累飞行"里程"，由里程决定火箭飞行的距离，如75分到地球、200分到土星，想探索最远的冥王星，要累积600分。学期末，校长会颁奖鼓励飞到最远星球的孩子[1]。

为了通过阅读挑战这项活动丰富读者的阅读体验，活动组织方在设计阅

---

[1] 白人杰,李颖.阅读与募捐结合的阅读推广新形式——阅读马拉松[J].河北科技图苑,2017(6):29-32.

读任务时会尽可能丰富阅读任务所涉及的读物类型。一般来说涉及的读物类型应该既包括虚构类读物，也包括非虚构类读物。

美国金县图书馆 2020 年的十项阅读挑战

> 阅读一本依据童话／民间故事／神话改编的图书；
>
> 阅读一本教给你一项新技能的图书；
>
> 阅读一本关于一项旅程的图书；
>
> 同朋友一起阅读一本书；
>
> 阅读一本关于你最想认识的人的书；
>
> 阅读一本关于自然的书；
>
> 阅读一本关于音乐或音乐家的书；
>
> 阅读一本关于时政事件的书；
>
> 阅读一本由馆员推荐的书；
>
> 阅读一本和自己性别相异作者撰写的书。

（二）围绕某一个特定主题开展的阅读活动

比如北欧一些公共图书馆开展的动漫之夜、侦探之夜、音乐之夜、幻想之夜。侦探之夜会把场景布置成案件发生现场，请侦探小说家来和青少年进行交流。

（三）各类素质拓展活动

1. 阅读类讲座。图书馆可以根据自身情况，邀请名人（本地名人）、学校教师和学生分享交流阅读方面的知识心得和体会。天津市耀华中学图书馆与南开大学博士生讲师团展开全方位合作，建立"南开大学博士生讲师团耀华中学讲座基地"和"耀华中学图书馆讲堂"，每学期均邀请多位在读博士生定期到图书馆开展读书讲座。

2. 其他类讲座。邀请本地知名学者到校举办文化、社会等方面的主题讲座，提高师生的素养，比如广州大学附属中学图书馆邀请广州市作协主席到校做题为"中国传统文化的发展脉络与中国梦"专题报告，邀请中山大学专家给师生讲解"量子力学和相对论"。

3.体验性活动。除了讲座型活动，中学图书馆应该注意设计举办学生参与体验的活动，比如电子书创作夏令营，让学生学习制作电子书。

（四）大型宣传活动

除了常规的读书活动，图书馆每年都会举办一些大型的宣传活动，一般在世界读书日或者重大节日（比如国庆节），邀请领导和相关人员出席，举行比较隆重的仪式。

二、活动策划

（一）策划原则

1.目标群体明确原则

策划阅读推广活动时首先要明确要向哪类读者。比如，英超俱乐部阅读之星（Premier League Reading Stars）项目面向不爱阅读的小学高年级和初中低年级学生。这个目标群体很明确。

2.广泛合作原则

图书馆在进行阅读推广时应注意和社会各界的合作，包括与学校、媒体、出版机构、体育组织等的合作。美国的"触手可读"（Reach out and Read）项目和NBA合作，通过那些篮球明星的阅读海报来推动阅读。中学图书馆需要和当地的大学、文化机构、作家协会、科协等保持密切的联系，合作开展活动。

（二）构成要素

阅读推广活动主要包括两个方面：一是做什么，即阅读推广活动的内容和目的；二是如何做成这件事，即应该如何组织管理相关资源（人、财、物等）来完成相应任务。具体来说，阅读推广活动的策划应该明确以下内容。

（1）内容：包括活动面向的读者群、活动要达到的目标、活动主要采用的推广方式。

（2）宣传：任何一个阅读推广活动都必须进行宣传，因此在活动方案中应该明确宣传品的组成以及宣传渠道的构成。

（3）实施：在活动方案中应该包括为确保活动顺利实施而进行的相关管

理工作，包括人员分工、经费构成、时间进度安排、应急方案等。

（4）评估：在活动结束后应进行评估以便总结经验教训，但是如何评估应该在策划活动时就已经进行设计和考虑。在方案中应该包括评估的主要方法，以及评估数据如何获得。

（三）策划的基本流程

1.选择特定读者群

中学图书馆读者群体相对简单，主要为学生和教师，但是也应该进一步细分。可按照年级分类，如初一学生等；也可按照兴趣分类，如喜欢鲁迅文学作品的学生，喜欢侦探小说的学生等。教师可以按学科分类，或按入职时间分类，比如新入职教师。

读者类型细分确定后，根据图书馆的工作规划确定当前阅读推广工作的重点，进而选择相应的读者群。这里的"选择"有两层意思：一是图书馆的资源有限，不可能面向所有读者提供阅读推广服务，需要图书馆进行选择；第二层意思是图书馆应进行阅读推广时机的选择，比如新生入学时，图书馆阅读推广的重点可以围绕着新生进行，帮助新生更好地适应学校的学习和生活，这样做往往效果更好。

2.分析读者特点

明确阅读推广活动面向的读者群之后，需要对此读者群的特点进行分析，这样才能确定合适的主题和方式。比如英超俱乐部阅读之星项目面向的读者群是不爱阅读的男孩子，他们发现这些男生有一个共同的特点，那就是喜欢足球，因此该项目将阅读和足球结合起来，由足球明星推荐书籍，发放的小奖品也是带有足球色彩的徽章、签字笔等。再比如初一学生刚入学后，由于初中阶段的学习和小学有很多差异，他们会产生诸多不适。这时，中学图书馆可以考虑开展一些专门的活动来帮助学生更快地适应学习。不管是面向哪一类读者群体，图书馆必须了解该群体的特点。（"了解读者的方法"详见第二章第三节相关内容）

3.确定目标

在确定了面向的读者群，并了解该读者群的需求和特点后，就应该确定阅读推广活动的目标。这个目标应该是明确且可评估的。阅读推广活动的目标从大的方面说主要包括两个：一是提升阅读兴趣，二是提升阅读能力。对于一个具体的阅读推广活动，除了务虚的目标，比如"提升阅读能力或阅读兴趣"，还应该有可评估可测量的指标。英国一个面向读写能力不高的成年人项目设定的目标是：在三个月内让那些读写能力不高的成年人（环保工人、服刑人员等）完成 6 本书的阅读。

4. 确定活动方式

不同群体的特点不同，在阅读推广方式设计的时候就应该有所区别。儿童对卡通感兴趣，英国"夏季阅读挑战"便设计卡通形象，包括会各种杂技技能的卡通形象，参与阅读挑战的读者可以选择某一个卡通形象进行角色带入。青少年对游戏感兴趣，设计阅读推广活动可将游戏的元素融入阅读推广中，以游戏激励青少年进行阅读。

三、活动宣传

（一）实施前的宣传

1. 宣传品的制作

阅读推广的宣传品一般包括条幅、海报、宣传单以及相应的文创产品。宣传品的选择主要考虑目标用户群的特点以及经费情况。面向中学生的阅读推广活动可以考虑动漫周边产品或者比较酷炫的电子产品。目前很多阅读推广活动的宣传品非常丰富，英国"夏季阅读挑战"活动的宣传品达 21 种之多，包括书签、冰箱贴、钥匙链、手环、门吊钩等。

2. 宣传渠道

（1）馆内宣传

馆内宣传指图书馆对到馆用户进行的宣传。这里的到馆用户有两层含义：一是指到实体馆的用户；二是指访问图书馆网站的用户。对这些用户的宣传主要包括以下几种方式：图书案 LED 显示屏、一楼咨询台或者入口处放置宣传单、相关阅览室门口放置宣传单、电梯内宣传、图书馆网站、图书馆微博、图书馆微信公众号等。

（2）馆外宣传

由于很多用户不常使用图书馆或者访问图书馆的网站，因此需要针对阅读推广活动读者群的特点在一些场所进行宣传。针对学生和老师的特点，可以在教室、餐厅、运动场等相关场所进行宣传。

（二）实施后的宣传

图书馆开展的阅读推广活动，实施后需进行相应报道。图书馆可以将报道提交到学校网站、学生论坛、图书馆专业群、媒体等，扩大活动影响力。

四、活动的组织实施

（一）团队构成及分工

阅读推广活动团队构成与图书馆的架构密不可分。团队可能会由阅读推广部相关人员组成，也可能从各个部门抽调人员组成。团队包括图书馆工作人员，也可以包括读者、志愿者等。中学图书馆应该注重吸收学生读者和家长加入阅读推广活动。

阅读推广活动需要把任务分解为若干个互相联系的小任务，然后进行分工。不同的阅读推广活动任务分解会有很大不同，这里以比赛类阅读推广活动为例进行说明。

比赛类阅读推广活动可能是征文、漫画、讲故事等方面的比赛。一般可以细分为如下几个环节：宣传（包括条幅制作、网络宣传等）、联系选手（报名、通知相关事宜）、评审（组织专家）等，具体见表4-1。

表 4-1　比赛类阅读推广活动责任分配矩阵

任务			小张	小王	小李
宣传	实施前宣传	宣传品制定			
		条幅、传单、海报等	√		
		文创产品	√		
		宣传渠道			
		馆内宣传	√		
		网络宣传		√	
		联系媒体			√

续表

任务			小张	小王	小李
宣传	实施后宣传	活动资料的整理收集	√		
		成果展示报道 展板展览	√		
		成果展示报道 网络报道		√	
		成果展示报道 联系媒体			√
		向上层领导宣传		√	
作品征集		作品征集和整理			√
	作品评比	联系专家		√	
		结果汇总		√	
会场		会场布置（条幅、显示屏等）	√		
		会场仪器设备调试、使用	√		
		会场主持		√	

注：此表系笔者在河北科技大学图书馆"好书月月谈"项目基础上绘制，略有调整。

（二）编制时间进度计划

为保证阅读推广活动的顺利进行，需要制订时间进度计划。这里以河北科技大学图书馆的"好书月月谈"为例进行说明。该项目每月10日进行现场展示，下面为关键时间节点计划。

河北科技大学图书馆"好书月月谈"项目时间进度计划

作品征集：上月 25 日之前完成

宣传品制定：上月 25 日之前完成

作品评比：本月 1 日之前完成

前期宣传实施：本月 7—8 日之前完成

总结整理：本月 15 日之前完成

后期宣传：本月 18 日之前完成

五、效果评估

评估既是激励的手段，也是改进的手段，更是提高资源有效利用的手段。活动评估是活动的最后一个步骤。

（一）效果评估主要指标

效果评估是指对阅读推广活动所产生的效果进行评估，一般结合阅读推广活动设定的目标进行。不同的活动，其目标设定不同，因此评估指标体系和方法也会有所区别，这里介绍其中几种。

1.读者借阅量的变化

这方面的数据可以通过流通数据获得。比如要考查书目推荐活动的效果，可以分析活动实施后两周内馆藏借阅变化情况，看其是否达到了预定目标，如果没有达到预定目标，需分析原因所在。

2.读者阅读意愿或能力的变化

阅读意愿和阅读能力的变化，一般需要进行前测和后测。以英国阅读社的"阅读六本书挑战赛"为例。在挑战之前，要求参加人员填写一个网络问卷，包括对阅读的看法、喜欢看什么方面的书等；挑战赛结束之后，同样要求参加人员填写问卷，包括对自己阅读能力的评估、未来的阅读计划等。

3.媒体报道情况

这里的媒体指多种形式的媒体，包括报纸、广播、电视，也包括微博、微信等社交媒体。通过对媒体上关于阅读推广活动的报道、记录、吐槽等多种信息分析，可以从某一个侧面反映出阅读推广活动的效果。

（二）过程评估

效果评估能够判断某一个阅读推广活动是否达到了其设定的预期效果，具体效果如何。但这并不是评估的最终目的，评估的最终目的在于总结发现活动策划实施过程中的问题，分析是哪些因素导致活动没有达到预期效果，主要原因出在什么方面，哪些因素对效果有重要影响。一般来说需要对活动的策划、活动的宣传、活动的实施三个环节进行逐一核查。如果活动没有达到预期效果，应该重点考虑以下问题：

1.活动策划是否科学合理

主要分析活动的目标用户是否明确、所设方式是否符合目标用户的特点、时间地点选择是否合适、人员安排是否合理、经费安排是否合理等问题。

2.活动宣传是否到位

主要分析馆内宣传是否到位、网络宣传是否到位、新闻媒体宣传是否到位、宣传单等是否有不清晰之处等问题。

3.活动实施是否顺利

主要分析采取的应急措施是否奏效，是否有更好的应急措施，现场是否有不愉快的事情发生、为什么会发生，应该如何避免等问题。

（三）评估样例

表 4-2　广州大学附属中学图书馆阅读推广活动评价表（简表）

基本信息	活动主题或名称					
	主讲或主持人		职称或职位			
	读者对象		地点		时间	
	活动类型	讲座□	培训□	课程□	沙龙、交流□	其他□
	内容主题	人文、社科□	科普、科技□	生活技能□	学习方法□	其他□
内容评价	活动预告	有□			无□	
	预告途径	微信公众号□	网站□	宣传栏□	QQ群□	其他□
	参加人数	0—50人□	51—100人□	101—200人□	201—300人□	300人以上□

续表

内容评价	活动过程记录	照片□	录像□	录音□	直播□	其他□
	活动报道	有□			无□	
	报道途径	自媒体□	网站□	宣传栏□	平面媒体□	其他□
效果评价（读者）	内容是否符合主题	非常符合□	符合□	一般□	不符合□	非常不符合□
	内容是否有意义	非常有意义□	有意义□	一般□	没意义□	非常没意义□
	继续进行相关主题拓展学习	肯定会□	会□	一般□	不会□	肯定不会□
	整体评价	优秀□	良□	及格□	差□	很差□
	意见与建议					
效果评价（馆员）	宣传报道是否合理	非常合理□	合理□	一般□	不合理□	非常不合理□
	主题是否有意义	非常有意义□	有意义□	一般□	没意义□	非常没意义□
	活动组织是否有效	非常有效□	有效□	一般□	无效□	非常无效□
	整体评价	优秀□	良□	及格□	差□	很差□
	意见与建议					
总体评价	活动评级	优秀□	良□	及格□	差□	很差□

六、阅读推广活动案例

详见书后附录三　阅读推广活动案例汇编。

☞ 本章小结

中学图书馆的阅读服务主要围绕着培养学生的阅读兴趣和阅读能力展

开，结合读者的阅读行为，应该提供嵌入阅读过程中的服务。图书馆的书目推荐应该密切结合读者特点，向读者推荐优质的适合的读物。图书馆应该注意发展读书会（读书俱乐部），扩大读者队伍。图书馆需要认真思考如何开展阅读指导课，如何充分发挥图书馆员的作用。图书馆应该积极策划各类阅读推广活动，科学策划，注重评估。

思考题

1. 你认为中学图书馆的阅读服务主要包括哪些？

2. 对于初中生或者高中生读者，借阅规则如何设计会更合理？尤其是在借阅时间和借阅册数上，说说你的想法。

3. 某初中学校马上要举办"科普节"，请你为该学校制定有关初中生科普阅读的相关推荐书目。

4. 请根据本校情况，设计一个读书会（读书俱乐部）发展规划。

5. 你认为阅读指导课应由学科教师主导还是图书馆馆员主导？为什么？

6. 请结合你所在图书馆的实际情况，设计一个阅读推广活动。

7. 结合本章所学知识，对你所在馆原有的阅读推广活动进行审视，思考哪些地方做得比较好，哪些地方需要改进？

延伸阅读

[1]赵俊玲,郭腊梅,杨绍志.阅读推广:理念·方法·案例[M].北京:国家图书馆出版社,2013.

[2]邱天助.读书会专业手册[M].台北:张老师文化事业公司,1997.

[3]林美琴.青少年读书会DIY[M].北京:首都师范大学出版社,2009.

[4]聂震宁.阅读力:我们为什么要读书[M].北京:生活·读书·新知三联书店,2017.

[5]艾德勒.如何阅读一本书[M].北京:商务印书馆,2014.

[6]王余光.图书馆阅读推广研究[M].北京:朝华出版社,2015.

[7]倪岗.中学整本书阅读课程实施策略[M].北京:商务印书馆,2018.

第五章　中学图书馆的信息素养教育

根据教育部 2018 年 5 月印发的《中小学图书馆（室）规程》，学校图书馆承担的主要使命可以概括为：文化和价值观传播、文献信息服务、阅读习惯培养、信息素养教育。该规程对信息素养教育的具体表述是"指导学生掌握检索与利用文献信息的知识与技能"。不难发现，与信息素养的丰富内涵相比，这一表述并未呈现出信息素养教育的完整含义，只是一个简化版，即文献信息检索与利用。然而，由于信息素养教育是图书馆工作中非常重要的部分，因此本章使用"信息素养教育"作为标题，意指中学图书馆不仅可以在指导学生的文献信息检索和利用上有所担当，更可以在信息素养教育这个更宽广的领域大有作为。

第一节　认识信息素养

一、信息素养的含义

信息素养（Information Literacy）最早由美国信息产业协会（Information Industry Association，IIA）主席保罗·泽考斯基（Paul Zurkowski）于 1974 年提出，指利用大量的信息工具及主要信息源使问题得到解答的技能。后来随着对信息素养认识的不断深入，美国图书馆协会在 1989 年发布的《信息素养主席委员会最终报告》中给出了一个目前流传最广的定义：具备信息素养，即能够判断什么时候需要信息，并懂得如何去获取信息，如何去评价和有效利用所需要的信息①。这一定义也获得了国际图联的认可，并被写入国际图联于 2006 年发布的《面向终身学习的信息素养指南》。

到 21 世纪，随着信息化时代的进一步发展，信息素养的内涵得到了进一步的扩展和明确。美国大学与研究图书馆协会（ACRL）在 2000 年发布的《高等教育信息素养能力标准》中把信息素养定义为：个人能认识到何时需要信息，并有效地搜索、评估和使用所需信息的能力②。ACRL 在 2015 年发布的《高等教育信息素养框架》中又对信息素养做了进一步诠释：指包括对信息的反思性发现，对信息如何产生和如何评价的理解，以及利用信息创造新知识并合理参与学习团体的一组综合能力③。

从信息素养的内涵可以发现，它不等于计算机素养或信息技术素养，后者是指使用信息和通信技术所需具备的知识与技能，包括硬件、软件、系统、网络（局域网和互联网）以及计算机通信系统等。它也不同于媒介素养，后者是指与创建、储存、传播多媒体内容相关的知识与技能，包括利用报刊、电视广播、移动通信以及各种计算机文件的知识与技能。另外，信息素养也远远超出信息检索和利用能力的范畴。

二、中学开展信息素养教育的重要性

联合国教科文组织在 2013 年颁布的《媒介与信息素养：政策与战略指南》中指出：媒介与信息素养是公民参与知识型社会建构的必备能力④。美国的全国教育协会则将其作为 21 世纪学生应具备的核心技能⑤。2015 年版《高

---

① American Library Association. Presidential Committee on Information Literacy: final report [R/OL]. [2022-12-15]. https://www.ala.org/acrl/publications/whitepapers/presidential.

② Association of College and Research Libraries. Information literacy competency standards for higher education[R/OL]. [2022-12-15]. http://www.ala.org/acrl/standards/informationliteracycompetency.

③ Association of College and Research Libraries. Framework for information literacy for higher education [R/OL]. [2022-12-15]. http://www.ala.org/acrl/standards/ilframework.

④ UNESCO. Media and information literacy：policy and strategy guidelines[EB/OL]. [2019-01-21]. http://unesdoc.unesco.org/images/0022/002256/225606e.pdf.

⑤ NEA. Partnership for 21st century skills[EB/OL]. [2019-01-21]. http://www.nea.org/home/34888.htm.

等教育信息素养框架》进一步引入了"阈概念"和"元素养"概念，强调信息素养能够提高认知力、学习力和探究力。我国于 2018 年发布的《教育信息化 2.0 行动计划》明确提出，要全面提升师生信息素养，推动从技术应用向能力素质拓展。2021 年发布的《提升全民数字素养与技能行动纲要》也与信息素养高度相关。随着信息素养的重要性日益凸显，世界各国逐渐将其列入各级教育目标与评价体系之中，信息素养成为评价人才综合素质的重要指标。

　　目前我国的信息素养课程和实践主要围绕本科生和研究生展开，以高校图书馆员为主要师资，在课程模式上创新不断，例如实施以 MOOC 为基础的信息素养教育模式、竞赛信息素养教育模式、自媒体信息素养教育模式、嵌入教学信息素养教育模式、融合批判性思维的信息素养教育与专业课程教育的整合模式等，不断探索新的技术平台、思维方法、教学模式等，以提升大学生的信息素养[①]。对中学而言，现有的制度设计大多将学生的信息素养教育交给中学信息技术课程来完成。然而多年来，学术界对这一课程实施情况的调查显示，"技术倾向"始终是其最主要特征。该课程偏重教授中学生计算机操作和编程知识，教师基本没有图书馆学情报学的学科背景，对信息素养的含义、重要性及培养手段均认识不够充分，目前也鲜有由中学图书馆员开设的信息素养课程，整体而言中学的信息素养教育面临着缺乏专业授课人员、缺乏教材和开课经验等多重困难[②]。因此，如何改善信息技术课程的技术倾向，能否将专业馆员纳入信息技术课程的师资团队，中学图书馆如何参与学校的信息素养教育，不仅关乎中学图书馆对自身使命的实现程度，也关乎学生真正的信息素养提升。

　　随着素质教育的推进，中学课程将越来越注重对学生能力的培养。素质教育要求教师和学生不能囿于教材、教参、课堂、知识记忆、答题训练，而应在课堂以外为教学活动提前做准备，例如查阅文献、开展调研；还要求学生能独立完成配套的小型研究项目，例如综述当地民俗史、制作一份科普视

---

　　① 徐笑一.我国高校信息素养教育SCPT培养模式研究[J].图书馆学研究,2017（10）:16-19,57.

　　② 陈燕华.中学图书馆信息检索选修课程的研究[J].河南图书馆学刊,2016（10）:75-76.

频或资料。这就意味着师生需要经常对各种信息源的文献和信息进行查询、辨别、获取、分析、综合、利用。这一切都依赖师生的信息素养的支撑。

中学阶段是一个人综合素养形成的关键时期，更是习惯养成的关键时期。在这个时期，学生通过生动活泼的形式接受信息素养训练，形成信息意识，进而激发信息需求，初步掌握获取和利用信息的技能，这不仅能为他们的信息素养发展打下坚实基础，更能够促进他们的批判性思维、好奇心、创造力和自学能力的发展。来自图情领域和教育学的相关研究均以大量证据证明了信息素养与这些能力，以及学生学业表现之间的关联。毋庸置疑，上述所有能力是一个人成长为合格公民的必备能力。另外，从智力发展的连续性来看，在基础教育阶段开始信息素养教育，能与个人在以后所接受的更高层次的信息素养教育有效衔接，起到循序渐进的作用①。

三、中学生信息素养评价标准

信息素养教育要在信息素养标准的指导下完成。目前很多国家和地区都有信息素养相关标准，并将其作为评价信息素养水平、指导信息素养教育实践的指南，也为深入研究信息素养提供框架和宏观指导。

（一）国外标准

1. AASL 标准

1998 年，美国中小学图书馆员协会与美国教育传播与技术协会（Association for Educational Communications and Technology，AECT）在其联合出版物《信息能力：创建学习的伙伴》中制定了中学生九大信息素养标准：

（1）能有效且高效地获取信息；

（2）能熟练地、批判性地评价信息；

（3）能精确地、创造性地使用信息；

（4）能探求与个人兴趣有关的信息；

---

① 李军.浅谈中学图书馆对学生信息素养的培养和引导[J].图书馆工作与研究,2003（6）:77-78.

（5）能欣赏作品和其他对信息进行创造性表达的内容；

（6）能力争在信息查询和知识创新中做到最好；

（7）能认识信息对信息化社会的重要性；

（8）能履行与信息和信息技术相关的符合伦理道德的行为规范；

（9）能积极参与活动来探求和创建信息 [①] 。

2. UNESCO 标准

2013 年 12 月 11 日，联合国教科文组织发布了《全球媒介与信息素养评估框架》（Global Media and Information Literacy Assessment Framework），为各成员国开展针对媒介与信息素养的综合性评估提供了实用工具和方法指导。该框架旨在从国家、区域和个人层面上监测媒介与信息素养（MIL）水平，促使相关教师据此部署针对本国实际情况的、以行动为导向的规划。在媒介与信息素养评估框架中，媒介与信息素养的要素包括获取、评价和创建三个方面，如表 5-1 所示。

表 5-1　UNESCO 媒介与信息素养评估框架

媒介与信息素养要素	媒介与信息素养内容	媒介与信息素养能力
获取（Access）：能识别需求，具备搜索、获取和检索信息与媒介内容的能力。	1.1 信息需求的定义与表述； 1.2 信息与媒介内容的搜索与定位； 1.3 获取信息与媒介内容，接触媒介与信息提供者； 1.4 检索以及保留 / 存储信息与媒介内容。	具备媒介与信息素养的人能做到： 1. 从多种来源中判断和描述信息与媒介内容的本质、作用和范围； 2. 搜索和定位信息及媒介内容； 3. 以有效、高效和合乎伦理的方式获取信息与媒介内容，包括接触媒介与信息提供者； 4. 利用多种方法和工具检索并暂时保存信息与媒介内容；

① American Association of School Librarians，Association for Educational Communications and Technology. Information literacy standards for student learning：standards and indicators[EB/OL].（2009-07-20）[2022-12-28]. https://www.ala.org/ala/aasl/aaslproftools/informationpower/InformationLiteracyStandards_final.pdf.

续表

媒介与信息素养要素	媒介与信息素养内容	媒介与信息素养能力
评价（Evaluation）： 理解、评估和评价信息与媒介内容。	2.1 理解信息与媒介内容； 2.2 评估信息与媒介内容，以及媒介与信息提供者； 2.3 对信息与媒介内容，以及媒介与信息提供者的评价； 2.4 组织信息与媒介内容。	5. 理解社会对媒介与信息提供者的需要； 6. 获取、分析、比较、描述并利用初步标准来评估检索到的信息及其来源，包括评估社会中的媒介与信息提供者； 7. 评价和鉴别信息与媒介内容及其来源，以及社会中的媒介与信息提供者； 8. 整合与组织所收集的信息与媒介内容；
创建（Creation）： 创造、利用和追踪信息与媒介内容。	3.1 知识的创新和创造性表达； 3.2 以合乎伦理和有效的方式交流信息与媒介内容或知识； 3.3 作为积极公民参与社会公共活动； 3.4 监督信息与媒介内容、知识生产和利用以及媒介和信息提供者的影响。	9. 为了特定的目的，以革新、合乎伦理和创造性的方式创造与生产新的信息与媒介内容或知识； 10. 利用合适的渠道和工具，以合乎伦理、合法与有效的方式交流信息与媒介内容或知识； 11. 与媒介和信息提供者以多种合乎伦理、有效和高效的方式沟通并进行自我表现，开展跨文化对话，实现民主参与； 12. 监督创造和传播的信息与媒介内容和知识的影响，以及监督其提供者的影响。

来源：联合国教科文组织.全球媒介与信息素养评估框架：国家状况与能力［M］.张开，耿益群，译.北京：中国传媒大学出版社，2022：45-47.

3. IFLA 标准

国际图联（IFLA）一直试图建立国际图书馆界通用的信息素养标准，2006 年 IFLA 发布了《面向终身学习的信息素养指南》①，确定了信息素养的

---

① IFLA. Guidelines on information literacy for lifelong learning：final draft[EB/OL].[2022-01-10].http://www.ifla.org/files/informationliteracy/publications/ifla-guidelines-en.pdf.

三个要素：获取、评价和利用，并指明了它们之间的关系。

获取：指用户有效、高效地获取信息的能力，包括定义并表述信息需求的能力和知道到哪里去获取信息的能力。

评价：指用户批判地评价信息的能力，包括信息评价、信息组织与分类的能力。

利用：指用户准确并创造性地利用信息的能力，包括信息利用和信息伦理两个方面。

4. ACRL 标准

2000 年，美国大学与研究图书馆协会（ACRL）制定了《高等教育信息素养能力标准》[①]，尽管这个标准主要面向高等教育，但是对于中学图书馆工作人员理解信息素养也有帮助，因此这里也进行简要介绍。该标准共包含 5 大标准、22 项一级指标，较全面地反映了信息素养的内涵要求。具体的 5 项标准包括：

（1）有信息素养的学生有能力决定所需信息的性质和范围；

（2）有信息素养的学生可以有效地获得需要的信息；

（3）有信息素养的学生能够对信息的质量和来源进行评估，然后把选中的信息融合到他们的知识库和价值体系；

（4）不管是个人还是一个团体的成员，有信息素养的学生能够有效地利用信息来实现特定的目的；

（5）有信息素养的学生熟悉许多与信息使用有关的经济、法律和社会问题，并能合理合法地获取信息。

为适应新信息环境的要求，上述标准历经三个版本的修订，最终形成了《高等教育信息素养框架》并于 2015 年正式发布。新"框架"围绕 6 个主题构建了新的信息素养体系，每一部分以一个"阈概念"（Threshold Concept）作为信息素养的有机组成部分，并且通过"知识技能"（Knowledge Practices）和"行为方式"（Dispositions）两个相关元素，来反映重要的培养

①　Association of College and Research Libraries. Information literacy competency standards for higher education[R/OL]. [2022-12-15]. http://www.ala.org/acrl/standards/informationliteracycompetency.

目标。6个主题分别是：权威的构建性与情境性、信息创建的过程性、信息的价值属性、探究式研究、对话式学术研究、战略探索式检索。

（二）我国标准

在我国，中学开展信息素养教育主要是通过开设信息技术课来完成的，因此相关标准可能在名字上与"信息素养"一词不同，但内容上有密切联系。为大力推进基础教育课程改革，坚持教育创新，全面推进素质教育，教育部等部门相继出台了许多与中学生信息素养教育有关的文件。

2000年，教育部印发《中小学信息技术课程指导纲要（试行）》[①]，其中明确指出："通过信息技术课程使学生具有获取信息、传输信息、处理信息和应用信息的能力，教育学生正确认识和理解与信息技术相关的文化、伦理和社会等问题，负责任地使用信息技术；培养学生良好的信息素养，把信息技术作为支持终身学习和合作学习的手段，为适应信息社会的学习、工作和生活打下必要的基础。"

2001年6月，教育部印发《基础教育课程改革纲要（试行）》[②]，其中明确指出："培养学生搜集和处理信息的能力、获取新知识的能力、分析和解决问题的能力，以及交流与合作的能力。"该文件把培养现代社会接班人的信息素养作为普及信息技术教育的一个重要目标。

2003年，教育部公布的《普通高中技术课程标准（实验）》，包含对信息技术课程的完整要求，旨在提升高中生信息素养[③]。标准将信息素养归纳为知识与技能、过程与方法、情感态度与价值三个层面，形成了信息技术课程的培养目标，具体表现在：对信息的获取、加工、管理、表达与交流的能力；对信息及信息活动过程、方法、结果进行评价的能力；发表观点、交流思想、开展合作并解决学习和生活中实际问题的能力；遵守相关伦理道德与法律法规，形成与信息社会相适应的价值观和责任感。

---

① 教育部.中小学信息技术课程指导纲要（试行）[EB/OL].[2022-08-17].http://www.moe.gov.cn/s78/A06/jcys_left/zc_jyzb/201001/t20100128_82087.html.

② 教育部.基础教育课程改革纲要（试行）[EB/OL].[2022-08-17].http://www.moe.gov.cn/srcsite/A26/jcj-kcjcgh/200106/t20010608-1673434.html.

③ 教育部.普通高中技术课程标准（实验）[M].北京：人民教育出版社,2003:5-54.

2010 年 5 月，国务院常务会议审议并通过了《国家中长期教育改革和发展规划纲要（2010—2020 年）》[1]，其中明确指出："鼓励学生利用信息手段主动学习、自主学习，增强运用信息技术分析解决问题能力。"

2017 年底，教育部公布了新的《普通高中信息技术课程标准》[2]，对 2003 年版标准进行了进一步完善，指出高中信息技术学科核心素养由信息意识、计算思维、数字化学习与创新、信息社会责任四个核心要素组成。核心素养中的信息意识部分明确有以下标准：能够根据解决问题的需要，自觉、主动地寻求恰当的方式获取与处理信息；能够敏锐感觉到信息的变化，分析数据中所承载的信息，采用有效策略对信息来源的可靠性、内容的准确性、指向的目的性作出合理判断；对信息可能产生的影响进行预期分析，为解决问题提供参考；在合作解决问题的过程中，愿意与团队成员共享信息，实现信息的更大价值。

2018 年 4 月，教育部公布了《教育信息化 2.0 行动计划》[3]，将"信息素养全面提升行动"列为"教育信息化 2.0 行动计划"的八大行动之一，并将"制定学生信息素养评价指标体系"作为主要任务之一，予以重点推进。

第二节　新生入馆教育

新生入馆教育是开启新生信息素养教育的第一课，可以让新生了解和使用图书馆的丰富资源和服务，培养信息意识，学会自主获取知识，养成良好的阅读习惯，是图书馆履行为学校教育教学服务职责的重要方面。

---

① 教育部.国家中长期教育改革和发展规划纲要（2010—2020 年）[EB/OL].[2022-08-17].http://www.moe.gov.cn/srcsite/A01/s7048/201007/t20100729_171904.html.

② 2020 年在此基础上有修订，详见：教育部.普通高中信息技术课程标准（2017 年版，2020 年修订）[EB/OL].[2022-08-17].http://www.xf5z.com/ueditor/php/upload/file/20200618/1592441210133936.pdf.

③ 教育部.教育信息化2.0行动计划[EB/OL].[2022-08-17].http://www.moe.gov.cn/srcsite/A16/s3342/201804/t20180425_334188.html.

一、新生入馆教育的概念

入馆教育是为新生专门设计的一门认识、利用图书馆的课程。入馆教育课程目标主要体现在以下几个方面：①让新生全面、系统、科学地了解图书馆，爱上图书馆；②推介图书馆的服务和功能，为学生以后充分利用图书馆打下基础，实现图书馆的价值；③激发学生的阅读意识和信息意识，提高自主学习能力。

与其他类型图书馆相比，中学图书馆入馆教育有鲜明的特点。公共图书馆的入馆教育通常指某个特定时间段举办的读者培训及文献信息资源利用活动。高校图书馆的入馆教育大多数是在新生入学期间开展系列的新生入馆教育活动，大部分的入馆教育活动都结合文献检索课程或资源推介、馆藏推荐等进行。中学图书馆的入馆教育面对的人群主要是刚上初一或高一的学生，他们对新角色需要有一定的适应时间，中学图书馆的入馆教育更应该选择与他们的心智发育相匹配的课程或者活动。

入馆教育虽然在其他类型图书馆中比较常见，但对于中学图书馆还是一个新鲜事物。大多数中学图书馆还处于观望状态，或因为人手不足、专业能力不强、开学季较忙（大部分图书馆都要承担开学季的教材分发工作）等而未能开展入馆教育。但是，中学图书馆开展新生入馆教育非常重要，这成为越来越多中学图书馆的共识。对于馆藏丰富、具有特色阅读空间的中学图书馆，入馆教育会使新生充分认识到自己身边有图书馆，爱上图书馆并浸入其中，开启一趟阅读之旅、活动之旅、智慧之旅。而馆藏并不丰富或者阅读空间建设尚待提升的中学图书馆，更应该进行入馆教育。图书馆通过有限的资源开展课程，既可让新生认识到图书馆的重要性，也可以通过学生反馈督促学校领导重视图书馆建设，重视图书馆藏书建设。

二、新生入馆教育的主要内容和方式

（一）新生入馆教育的主要内容

新生入馆教育的内容主要围绕三个层面展开。

（1）认知层面：包括但不限于介绍图书馆的作用和职能、各种服务设

施、馆藏文献的特点及布局、借阅程序及图书馆的规章制度等。

（2）技能层面：开展检索和获取书刊、数据库资源的培训，使学生能够使用图书馆提供的服务完成学习目标。

（3）情感层面：培养学生对图书馆的热爱，让学生乐于使用图书馆的资源和服务。

（二）新生入馆教育的主要方式

目前关于新生入馆教育的研究主要集中在高校图书馆的新生入馆教育，而中学图书馆进行新生入馆教育的相关研究文献较少。高校图书馆的新生入馆教育模式对中学图书馆有一定的借鉴作用，但因为读者主体及特点不同，中学图书馆不能全部照搬，应该根据学校读者情况开展适宜于本校学生的入馆教育。针对中学生的特点，中学图书馆新生入馆教育方式应该注重以下两点。

1.线上教育和线下教育相结合

中学生对新媒体、新技术充满好奇，图书馆在开展入馆教育时可以充分利用新媒体开展丰富的线上教育活动。一方面可以在学校图书馆网站或微信公众号上建立"新生入馆指南"栏目，提供《图书馆使用手册》的在线阅读，介绍图书馆的历史、资源、服务、规章制度、常见问题等内容；另一方面可以制作图书馆介绍或使用方面的视频，在校园网或微信公众号提供在线观看。线下教育，除了课堂讲授这种形式，还包括实地参观、检索实践等多种形式。

案例：天津市耀华中学图书馆新生入馆教育的授课内容

①综合信息认知：馆舍建筑、馆容馆貌、馆史介绍、图书馆老照片、校友回忆图书馆故事。

②馆藏信息认知：总体馆藏、特色馆藏、数字馆藏。

③功能分区认知：书库、阅览室、图书馆课程教室、共享学习空间、采编室、办公室、教学楼阅读空间、班级阅读角。

④设施体验：设施简介、自助借还书机、文献检索机、数字图书借阅机、数字期刊借阅机、朗读亭、图书杀菌机、有声图书馆等。

⑤服务认知：图书借还、报刊阅览、与公共图书馆通借通还、特藏

展示、书画展示、朗读亭、图书馆课程、阅读推广、学习研讨、教研交流、数字文献下载、经典影视播放等。

⑥文明教育：图书馆文明公约、规章制度。

⑦阅读素养和信息素养培养：课外阅读指导课、文献检索课、新生入馆教育课。

2.注重互动体验式的教学设计

中学生读者虽然对新鲜事物充满好奇，但同样对新事物缺乏足够的耐心。他们对图书馆或者图书室有初步的认识，但对图书馆的认识主要停留在借还图书等最基本的服务方面。纯粹以知识传授为主的入馆教育并不能引起他们的共鸣，而体验式、互动式入馆教育模式能让他们在玩中学，能充分调动他们的积极性和创造性。天津市耀华中学图书馆的新生入馆教育一直备受好评，表 5-2 详细展示了具体内容和形式。所以具有体验、交流、互动、引导、实践等特点的入馆教育模式能达到理想的学习效果。比如天津市第二南开中学图书馆让学生主导制作图书馆视频，学生自编自导自演，以情景剧的方式展现图书馆的规章制度。再比如广州大学附属中学图书馆在介绍馆藏立体书之后，让学生自己制作立体书。

表 5-2 天津市耀华中学图书馆的新生入馆教育内容和方式

主题	内容	教学形式
规章制度	开放时间、借阅规则等	线上自学＋线下答疑
资源分布	各处馆舍的位置、特点； 书刊分布、数据库网址、其他各类信息的获取途径	线上自学＋线下参观
资源检索使用	书刊检索、数据库检索及借阅的基本方法、技巧等	线上自学＋线下实践操作
服务使用	书刊续借、异地借还、馆际互借、参考咨询等服务的获取方式	线上自学＋线下实践操作
信息素养启蒙	信息素养的内涵及重要性	面对面讲座、讨论

（三）新生入馆教育的基本步骤

新生入馆教育，基本可以按照以下步骤进行：

（1）前期准备阶段：开展新生入馆教育之前，图书馆最好先通过访谈或者问卷的方式了解读者的阅读习惯、阅读能力、阅读态度等，做到心中有数。其次要盘活资源，认真梳理馆藏，熟悉馆藏纸质资源和电子资源，同时将软、硬件环境，阅读空间各元素等默熟于心。此外，还需根据上述情况进行入馆教育课程规划，包括什么时间、什么地点、采用什么形式、通过什么内容等对新生进行入馆教育。

（2）基础体验阶段：新生入馆教育内容以融入学校图书馆为主，新生与图书馆初次相识，亲身感受图书馆，这是接受入馆教育的第一步。馆员与学生志愿者分批次带领每班学生参观图书馆每一个藏室，实地介绍每一个阅读空间的功能、开放时间、使用规则等。参观过程注重体验性、互动性。在此过程中布置利用图书馆的学习任务，如通过检索系统查询一本书、通过自助借书设备完成一次借阅等，让新生亲身体验图书馆使用过程，从而实现图书馆与新生的第一次互动交流。

（3）稳步提高阶段：在每个新生班级招募学生志愿者，使用PPT、视频课件等对志愿者进行先期培训，课件内容应该包括图书馆规章制度、《中图法》基本知识、阅读推广活动推介等内容。学生志愿者经馆员考核合格后，选定固定的时间到班级对全班同学进行入馆培训。学生志愿者对学生的培训，能拉近图书馆与新生读者的距离，培养其图书馆主人翁的意识。

（4）应用巩固阶段：组织新生开展互动式"利用图书馆有奖知识竞赛"、图书馆闯关游戏、书山寻宝等活动。另外，图书馆应有针对性地开设课程，深化新生入馆教育内容。课程内容不仅包括图书馆使用技能及资源的介绍，也应该包括阅读方法、阅读书目及阅读指导等方面的讲解。入馆教育课程除图书馆员主导之外，还应邀请学科教师，如语文老师、信息技术老师共同参与主讲。

（5）归纳总结阶段：通过问卷调查或访谈的方式，了解新生对于图书馆入馆教育的态度及收获，收集学生反馈意见，进行归纳总结，修正并更新入馆教育方案。做好总结和意见收集工作，总结经验，为更好地开展下一次入馆教育工作做好准备。要使新生入馆教育开展得更完善、更富有成效，每届新生入馆教育结束后，馆员都应认真调查教育效果，收集有关的反馈信息，征求读者的意见和建议，做出更适合新生入馆教育的科学判断和决策，总结经验和完善入馆教育的方法，使入馆教育工作更加贴近读者。

案例：广州大学附属中学图书馆的入馆教育课程

新生入馆教育是广州大学附属中学图书馆开设的一门课程。入馆教育课程以认识和利用图书馆为整体目标，其中初中生以激发兴趣为课程教学目标，高中生以增强能力为课程教学目标。课程采取必修加选修的方式，其课程安排如下：

（1）入馆教育慕课学习（必修，1个学分）：该课程依托互联网进行在线学习，在新生注册后的暑假让学生在家进行学习，课程主要介绍学校图书馆馆藏文献资源信息、图书馆阅读空间信息、图书馆分类及查询方法，让学生观看《神奇飞书》动画片探寻阅读意义，为新生推荐图书以及介绍读者榜样如何阅读等。

（2）入馆教育主题讲座（必修，1个学分）：阅读讲座内容围绕激发兴趣和增强能力两个角度，面向初一、高一新生两个群体开展，时间45—60分钟内。初一新生以"悦读，激趣——做最好的自己"为主题，高一新生以"悦读，赋能——做最好的自己"为主题。初一侧重于从阅读的历史角度谈阅读的道与术；高一从《边城》出发，从信息素养角度体验如何进行探究性学习。主题讲座由学生、老师和馆员同台演讲。

（3）入馆教育展览主题活动（必修，1个学分）：通过"名人与图书馆""名人读书方法""阅读漫画""国学馆馆藏推荐"等主题展览揭示图书馆馆藏，激发读者阅读兴趣。

（4）入馆教育课程（选修）：以自愿报名为主，设定名额45人，人满为止。每个课程1个课时，0.5个学分，可累加。

①线装书介绍，并让学生制作一本线装书；

②立体书介绍，并让学生制作一个立体书跨页；

③电子书作品演示及推介。

第三节　信息素养课程的开设和实施

一、课程目标

信息素养课程培养目标的确定与信息素养的评价标准密不可分。根据第一节所提及的评价标准，结合青少年的发展水平，本书归纳了以下适合中学选择的信息素养培养目标，相关教育者可结合所在学校的具体状况从中选择，作为自身的培养目标。

（1）明确判断优质信息的一般标准。

（2）理解信息和知识（尤其是教材）的创造过程，认识到现阶段所学知识的权威性和局限性。

（3）具备探究式学习所要求的信息素养，能够根据已有信息形成研究问题，设计问题解决步骤，并收集、评估、组织、综合、分析信息以形成结论。

第（3）点是信息素养的内容核心，可以更进一步描述为：

①确定满足信息需求的初步范围。

②确认关于某一话题的信息产生方，如学者、组织、政府及企业，并决定如何去获取信息。

③检索时运用发散（如头脑风暴）和收敛（如选择最佳信息源）思维，选择与信息需求和检索策略相匹配的检索工具。

④根据检索结果来设计和改进需求与检索策略。

⑤理解信息系统的组织方式，以便获取相关信息；使用不同类型的检索语言（如关键词、自然语言等）。

⑥管理检索过程和结果。

（4）理解自己的作品为何需要引用他人的成果以及如何引用；同时了解知识产权的要求，能恰当地注明出处和引用，表达对他人原创观点的尊重。

（5）能理性评判他人的观点和贡献，对学术性作品同样能理性评判。

二、课程内容

在确认了符合自身条件和需求的信息素养教育目标后，实践者应以目标为导向设计相应的教育内容，并反复评估内容与目标的对应性。根据上述目标，信息素养教育的主要内容一般可涉及：

（1）信息、信息源、信息检索、信息素养、信息评估等基础概念。

（2）科学研究的起源和具体过程，即知识的创造过程。

（3）不同的信息来源及其权威性和判断标准。

（4）信息搜寻的原理和机制，以及利用操作，包括如何利用图书馆，如何使用搜索引擎、数据库等不同类型的工具，如何构建检索策略以及完成整个检索过程等。

（5）信息存储、组织、整合以及评估等。

（6）知识产权和引用规范。

（7）信息表达的语言规范、逻辑规范、格式规范。

（8）批判性思维的方法和艺术等。

对应教育部《普通高中信息技术课程标准》（2017年版，2020年修订）可以进一步明晰信息素养教育内容和信息技术课的不同偏重。该标准将高中信息技术课程分为必修、选择性必修和选修三类，重点讲授数据处理与算法程序、信息系统、数据结构、三维设计、人工智能技术、信息安全等。这样的教学内容对于提升学生的信息技术基础知识与技能、发展计算思维、提高数字化学习与创新能力等富有意义，但是明显与信息素养教育所希望呈现的内容和结果不同。以信息技术课程标准中第二模块"信息系统与社会"为例，其授课内容包括如表5-3所示的8个部分。其中第6条为"在日常生活与学习中，合理使用信息系统，负责任地发布、使用与传播信息，自觉遵守信息社会中的道德准则和法律法规"，这条要求与信息素养课的要求有相似之处，但信息技术课与信息素养课的侧重点不一样。信息技术课通常在这方面只是一带而过，而信息素养课教学会将其作为重点，老师会引导学生通过信息实践展开深入学习，从而锻炼他们实际的信息查找与利用能力。信息素养课的授课内容可能要求学生查找某项违反信息道德或法律的真实案例，将清其来龙去脉，剖析案例主人公在哪些方面违反了法律法规及道德准则，形成自己对合理使用信息系统的思考，最终以个人或小组报告的方式来呈现。这一过程中，学生需要查找多个案例并确认自己将分析的是哪一个，需要整合相关报道以捋清完整的案例过程，需要了解信息方面的法律法规或道德准则以便做出判断，需要对案例进行自主思考形成结果，需要弄清调查报告的格式以准确呈现……这一过程中，教师会持续关注学生在任务情境下的信息获取和利用困难、技能、能力。

表 5-3 《普通高中信息技术课程标准》（2017 年版，2020 年修订）
模块二的具体教学内容

模块二	内容要求
信息系统与社会	（1）探讨信息技术对社会发展、科技进步以及人们生活、工作与学习的影响，描述信息社会的特征，了解信息技术的发展趋势； （2）通过分析典型信息系统，知道信息系统的组成与功能，理解计算机、移动终端在信息系统中的作用，描述计算机和移动续端的基本工作原理； （3）通过分析物联网应用实例，知道信息系统与外部世界的连接方式，了解常见的传感与控制机制； （4）观察日常生活中的信息系统，理解计算机网络在信息系统中的作用，通过组建小型无线网络，了解常见网络设备的功能，知道接入方式、带宽等因素对信息系统的影响； （5）通过分析常见的信息系统，理解软件在信息系统中的作用，借助软件工具与平台开发网络应用软件； （6）在日常生活与学习中，合理使用信息系统，负责任地发布、使用与传播信息，自觉遵守信息社会中的道德准则和法律法规； （7）认识到信息系统应用过程中存在的风险，熟悉信息系统安全防范的常用技术方法，养成规范的信息系统操作习惯，树立信息安全意识； （8）通过搭建小型信息系统的综合活动，体验信息系统的工作过程，认识信息系统在社会应用中的优势及局限性。

来源：教育部.普通高中信息技术课程标准（2017 年版，2020 年修订）[EB/OL].[2022-08-17].http://www.xf5z.com/ueditor/php/upload/file/20200618/1592441210133936.pdf.

三、主要教学方式

根据相关学者的总结，目前中小学的信息素养教育在实施层面主要表现为三种方式。其一，资源导向。中小学图书馆通过分发《图书馆信息资源应用手册》等方式提供图书馆内的信息资源利用指南，学生利用这些资料自主学习信息查找与利用的方法与策略，提升个人信息素养。其二，研究性学习。即分解信息素养课程标准，将其融入数学、语言艺术、社会科学等学科中，学科教师依据标准设计研究性课程，通过研究性学习发展学生信息素养。其三，独立课程。图书馆员或信息技术教师为学生开设独立的信息素养课程，从教学目标、教学内容、组织活动、学习评价等方面安排教学过程，通过课程教学的方式达成信息素养教育目标[①]。

当前在我国，教育工作者不断探索素质教育的内涵和实现方式。对中小学的信息素养教育而言，它其实更容易超越知识模块讲授与练习的传统模式，也更容易打破现有学科之间的界限，给学生以更广阔的视角和批判性的思维来看待所学的各科知识。因此，良好的信息素养教育内容和教学方式，不仅能够赋予学生受用终身的信息意识、搜寻和检索技能、信息利用能力等，还能为学生的成长贡献更多的隐形价值。相关实践者应更加重视信息素养的价值，并积极探索，使信息素养教育生动起来，与其他学科知识联系起来，与学生其他能力（尤其是批判思维、好奇心、合作能力等）培养结合起来。下文即将介绍的 BIG6 信息素养培养模型以及嵌入式信息素养教育就是有益的探索和可复制的授课模式。

第四节 信息素养教育的 BIG6 模式

在将中学生信息素养标准转化为实践的过程中，还需要具体的信息素养模式来支撑。BIG6 是一种已经在国外得到普遍应用的信息问题解决模式，

---

① GRASSIAN E S. Information literacy instruction：theory and practice[M]. 2nd ed. New York：Neal-Schuman Publishers，Inc.，2009：111-126.

有利于培养中学生信息能力和问题解决能力，可以成为一种非常重要的信息素养培养模式。

一、BIG6 的涵义与步骤

BIG6 信息问题解决模型（BIG6 Model of Information Problem-solving）由艾森伯格（Eisenberg）和贝科维茨（Berkowitz）于 1988 年在其著作中首次提出[①]，它以提出问题—解决问题的思路贯穿整个信息素养教学过程，旨在同时培养学生的信息素养和问题解决能力以及其他能力。"BIG6"是 BIGSIX 的简称，取其六大流程英文名称中的一个字母组合而成（如表 5-4 所示），为方便学生记忆，我国台湾地区的中小学教育界还将这个过程编成口诀：定问题、找策略、取资料、详阅读、能综合、会评价。

表 5-4　BIG6 信息问题解决模型

Process	流程
Be sure you understand the problem. Task Definition	确切地了解探究问题——定义任务
Identify sources of information. Information Seeking	确认信息资源——查询信息
Gather relevant information. Location & Access	获取相关信息——定位和获取信息
Select a solution. Use of Information	选择解决办法——运用信息
Integrate the ideas into a product. Synthesis	把观点整合到作品中——整合
eXamine the result. Evaluation	检查结果——评价

BIG6 可以帮助人们有效地解决信息问题，从幼儿园到小学、中学，甚至大学和成人学习，都能够采用这种模式。BIG6 给了我们一个解决问题的分析框架和解决步骤，即"定义任务→查询信息→定位和获取信息→运用信息→整合→评价信息"。BIG6 模型按照一个完整的信息行为过程或信息问题的解决过程来展开，能够完整地涵盖中学生信息素养标准的六个方面，如图 5-1 所示。

① EISENBERG M B，BERKOWITZ R E. Curriculum initiative：an agenda and strategy for library media programs[M]. New York：Ablex Publishing Corp, 1988：1-30.

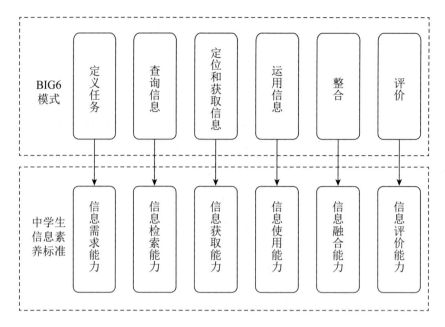

图 5-1　BIG6 与中学生信息素养标准

注：本图由中山大学信息管理学院博士研究生王超参考如下两篇文献绘制而成：孙向东，种乐熹，胡德华 . Big6 模型及其应用研究 [J]. 图书馆学研究，2014（10）：25-32，40；张晓娟 . 信息素养：标准、模式及其实现 [J]. 图书情报知识，2009（1）：17-23，29.

下面来具体讲解 BIG6 的六个流程。

流程一：定义任务

主要包括分解任务涉及的具体问题和确定所需信息两个过程。在此阶段，教师应给学生大致方向，而非足够的解释，应迫使他们主动发掘更多的细节，进而全面了解并分解任务，这类似科学研究中的研究目的要转换为若干具体研究问题。明确问题后，需要确定所需信息的类型、数量、格式等细节。

流程二：查询信息

首先，要确定信息来源，除了选择学校图书馆的纸质图书、期刊等常规来源，也需要鼓励学生查询丰富的网络资源，例如各类数据库、权威网站等，当然还包括专家等相关人际信息源。学生可通过集思广益和头脑风暴等方式来确定相关信息的来源，选择最佳方式。其次，将可利用的信息来源列出优先顺序，可按优先顺序逐一查询。

流程三：定位和获取信息

包括找到信息和获取信息两个连贯的过程。学生应使用在图书馆利用教育、信息检索相关课程中学到的各种查询技巧，如查询工具书、使用联机公共目录检索系统和搜索引擎等方式，以找到并获取到所需信息，教师可随时帮助学生复习这些技能技巧。

流程四：运用信息

学生围绕手头已获得的所有信息而展开该流程，主要包括熟悉信息和摘录信息两个过程。根据信息类型，学生需要通过视听、阅读等方式来熟悉信息。同时，学生需要懂得如何从中提取有用信息，例如可以通过做笔记、重点标记、摘要等方式。摘录过程中，教师需要提醒学生运用合理的标注方法来著录参考文献等，以尊重作者著作权。

流程五：整合

学生运用专题报告、PPT 演示、电子表格等方式将信息整合并呈现出来。此阶段教师需要重点关注学生归纳总结各类信息的能力，以及他们的逻辑思维、辩证视角、合理推论等，而不是更关注学生的结论或采用的呈现工具。

流程六：评价

学生应当反思整个信息问题解决过程所花费的时间和精力是否有效率，是否产生成就感，并判断是否有效地解决了问题，教师应当提供给学生明确的评估方向和标准[1]。

值得注意的是，BIG6 信息问题解决模型是一系列注重过程的信息处理技巧，这些技巧并不是各自独立的单一行为，也不一定要按照一定的顺序逐步开展，但他们彼此之间是紧密联系的。该模型作为培养学生信息能力和问题解决能力的一种主题探究模式，为我们提供了一套解决信息问题的基本方案，不过根据相关教师的使用反馈，在选用模型设计课程时，需要注意若干问题。

---

[1]　孙向东,种乐熹,胡德华. Big6模型及其应用研究[J].图书馆学研究,2014(10):25-32.

首先，注意任务的选择——设计典型案例课题。任务的选择是开展 BIG6 教学的第一步，任务是否得当直接影响整个过程，因此教师务必高度重视。一般来说，任务要具有开放性，学生能够自由探索；还要充分考虑检索结果的查全率和查准率，专指性太强或太差的课题都不适宜学生练习；最好能与学生的其他学科知识联系起来。

其次，引导学生自主探究和交流。组织学习小组共同探讨研究是 BIG6 教学的重要方式。小组成员需要不断讨论，根据需要进行分工，并选择检索工具、制定检索策略、获取信息资源、对检索结果进行评价和反馈、撰写检索报告等。在这一过程中，教师不仅要对学生制定的检索策略进行指导，还要对学生的整个完成过程和最终成果给予评价。因此教师需要注意通过合适的评价机制或其他手段调动学生积极主动地完成全过程，尽量使每一名学生参与进来，还要注意在整个过程中关注每一位学生的进展和表现，给予评价评分和必要的引导。教师引导学生自主学习，切忌只给任务、只看结果，而是应当在过程中参与和帮助。

最后，注重教学评价与总结。合适的教学评价能促进学生的学习兴趣和动力，BIG6 模型的课程特点是注重学生能力而非具体知识的获得、注重学生的合作表现、注重学生在全过程的表现而非只看最后结果，因此教师需要摸索建立一个合理、完善的教学评价体系。一般来说，该课程可从理论考试、综合检索实习报告/作业和能力表现评价三方面来综合考评。前两项考评比较容易操作。能力表现评价主要是通过发放评分表来完成，内容涉及学生在 BIG6 信息问题解决过程中的表现以及反映出的自主学习能力、问题解决能力、合作能力等一系列指标，在评价方式上采取自我评价、小组互评和教师评价相结合的形式进行[1]。

表 5-5 提供了一份针对学生在 BIG6 信息问题解决过程中的表现的评分表样例，相关教育者可参照或自行增删、新制。

---

[1]　宁冬云.Big 6 在信息检索课教学中的应用[J].科技情报开发与经济,2014(20):117-119.

表 5-5　BIG6 流程中的学生表现评分表

BIG6 流程	5 分	3 分	2 分
定义任务	主题突出，有研究意义	主题比较突出，研究基本有意义	主题不突出，研究意义不大
查询信息	可搜索途径多样、全面	可搜索范围不大	搜索范围小，途径单一
定位和获取信息	搜索到的信息很多、内容全面	搜索到的信息数量一般、内容较全面	搜索到的信息较少、内容较不全面
运用信息	信息标记、分类清晰，组内交流逻辑性强	信息分类、记录较清晰	不能对信息有效分类、记录混乱、逻辑性差
整合	主题鲜明，观点明确，表达清晰	主题较鲜明，观点较明确，表达较清晰	主题不鲜明，观点不明确，表达不清晰
评价			

来源：袁微 ."Big 6" 模式在初中物理教学中的应用研究 [D]. 呼和浩特：内蒙古师范大学，2017：16.

二、BIG6 模式信息素养教育案例

历史上的女数学家

教师根据实际情况，要求学生以个人或小组为单位参与此次问题解决任务，并指导学生按照 BIG6 的六大流程以及每个流程的相应步骤完成任务。需再次强调的是，案例练习的核心目的在于训练学生熟悉整个问题解决过程和信息搜寻利用过程，而非给学生评分，因此当学生在某一步骤遇到困境时，教师最好给予引导和帮助，使其能完成整个过程。

流程一：定义任务。本案例的任务是：请从以下几位在历史上作出

重大贡献的女数学家中任选一人，研究她的生平和成就。在该流程中，学生需要清楚该任务，在初步的信息查找和理解后选定一位，并确认接下来的所需信息，例如可能涉及该女数学家的生活时期、主要经历、所处社会背景、主要成就、同期的其他数学家等。

Ada Lovelace（阿达·洛甫雷斯，英国女数学家）

Sophie Germain（苏菲·姬曼，法国女数学家）

Hypatia of Alexandria（希帕蒂娅，已知第一位重要的希腊女数学家）

Caroline Herschel（卡洛琳·赫歇耳，德国女数学家）

Sofia Kovaleskaya（索菲娅·柯瓦列夫斯卡娅，俄国女数学家）

Grace Hopper（格蕾丝·霍波，美国女数学家）

流程二：查询信息。确认了所需信息后，学生需要设计搜索策略（主要包括从何处以及如何获得它们），并设计搜索的优先顺序和信息取舍标准等。在本案例中可供选择的包括：百科全书（纸质版或电子版）、相关书籍、互联网等。

流程三：定位和获取信息。按照上述策略获取所需信息，需要学生实际操作，例如去学校图书馆查阅，访问搜索引擎、数字图书馆的各类资源等；然后从这些信息源中查找并获取相关信息。要解决获取过程中遇到的困难，例如无法获取全文、纸版图书不在馆等。教师需提前设计好帮助学生解决获取困难的方法。

流程四：运用信息。在经历了信息搜索策略确定、信息获取（在更复杂的案例中，很可能要反复经历这两个过程）之后，学生需要对最终选定的信息进行阅读、做笔记、资料归档等。

流程五：整合。学生需要组织整理有用信息，形成自己的理解并有逻辑地整合、形成结果；最终还需要将结果表达出来。问题解决结果的呈现可以选择多种方式，例如：①采访式——模拟记者向她（女数学家）提问，并运用整理的信息替她回答，问题可涉及生活、社交、观点等；②写摘要——运用整理的信息写出研究摘要；③写自传——以第一人称方式替她写一份自传；④介绍式——向一群远道而来听她做报告的听众介绍她的生平和成就。

　　流程六：评价。总结并评价学生在此次问题解决过程中各个流程的表现和最终呈现的结果情况，教师和学生最好都能参与到评价中来。例如考查学生收集的信息是否满足需要，资源是否被记录归档，完成的作业是否整洁、准确、有创造性等。

　　这一案例简单展示了教师如何实际运用BIG6模型安排授课内容，可供相关教育者启发思路、模仿利用。除案例的主题之外，教师还可参照学生其他科目的教材，从中选取有趣的且先行确认过相关资料较充足的主题。曾被相关研究者和实践者考量过的教学案例包括"阿拉斯加研究计划"[①]、"投资沈阳"报道[②]、"雨中登泰山"[③]、"浮力"[④]等。另外，针对不同年级的学生，还可设计不同难度的任务。在本案例中如果面向高年级学生授课，可以要求他们进一步思考该女数学家取得成功的原因（可与当时的社会背景、她的成长背景等联系起来分析）。如此，信息素养课程可能与数学、历史、思想道德等多个领域发生关联。对中学的信息素养课程而言，BIG6的案例模式是非常好的选择，这可以改变原有的分章节讲授知识的方式，取而代之的是，在整个学期以一次或几次BIG6流程训练学生在问题解决全过程中的信息素养能力。事实上，信息素养课程最能践行整合不同学科、以主题教学来打破学科边界的教育理念。

---

　　① 阿拉斯加研究计划[EB/OL].[2019-01-29].http://learning.sohu.com/20050816/n226691553.shtml.

　　② "投资沈阳"报道[EB/OL].[2019-01-29].http://learning.sohu.com/20050816/n226691565.shtml.

　　③ 王艳,马秀峰.应用Big6培养学生信息素养的探索研究[C]//赵呈领,王继新.教育技术的创新、发展与服务:第五届教育技术国际论坛论文集:下册.武汉:华中师范大学出版社,2006:393-397.

　　④ 段苏红.应用Big 6模式的物理教学案例《浮力》[J].中学物理:初中版,2009(6):5.

第五节　嵌入学科课程的信息素养教育

一、嵌入学科课程的重要性

嵌入式信息素养教育于 20 世纪 90 年代在欧美澳等地盛行开来，在我国的发展较为缓慢。根据相关定义，嵌入式信息素养教育是以馆员和教师合作为前提，将信息检索技能、信息知识、信息道德等信息素养教育内容嵌入专业课程的教学过程中，是全方位培养分析、利用、评价信息等综合信息素养能力的一种新型方式[①]。

事实上，信息素养教育嵌入学科课程对二者都很重要。在高等教育阶段，几乎所有专业课程的学习都会涉及信息素养的内容，问题解决的过程总是要伴随信息的利用，只不过专业课程教师对"信息素养"这一概念较为陌生。嵌入式信息素养教育一旦实施开来，不仅能扩大图书馆学和图书馆员的影响力，还能赋予其他学科背景的教师以新的视角和认知，使他们有意识地将信息素养与专业课程教学结合起来，这对学生的信息素养提升将产生更显著的效果。

而对中学教育来说，嵌入学科课程的信息素养教育同样具备上述优点。不管中学图书馆能否独立开设信息素养课程，将图书馆员纳入信息素养培养之师的队伍，将信息素养的内容从信息技术课程扩展至其他学科课程，都有利于"信息素养"这一重要的能力被更广泛地关注和更有针对性地培养。

二、嵌入的类型与方法

根据嵌入的深度和广度来划分，嵌入式信息素养教育分为三种类型：

（1）"一次嵌入式"，指图书馆应课程老师邀请，参与某门专业课的一次课堂讲授。

（2）"局部参与式嵌入"（或称"相关嵌入"），即图书馆员参与专业课

---

① 唐权.基于学习过程的嵌入式信息素养教育实践[J].图书情报工作,2015（S1）:222-225.

程的部分教学。

以上两种嵌入方式的具体做法通常有：图书馆员应邀讲授学科课程或作业所涉及的资源，协助教师解答学生课程学习过程的信息使用疑问，将图书馆的资源整体嵌入课程系统的资源中心模块等。

（3）"全程参与式嵌入"（或称"完整嵌入"），指图书馆员全程参与专业课程的教学[①]。

根据国内外的相关实践案例，中学的嵌入式信息素养教育多为"一次嵌入式"或"局部参与式嵌入"，图书馆员大多运用 BIG6 模式参与学科课程的某次任务中，与教师合作完成一次问题解决流程。总体而言，嵌入式信息素养教育的通用原则是首先确立嵌入的程度，然后合作确立课程目标和信息素养目标、合作设计整个教学过程。课程目标方面，将信息素养的训练作为学科课程目标的有机组成部分，实现学科知识和信息素养的双学习与双测试。课程内容方面，由图书馆员和专业课教师合作设计并讲授，这可以用图书馆员在信息素养方面的优势弥补课程教师在这方面的不足，也让图书馆员充分了解该课程对信息素养内容的需求点与需求程度，使信息素养教学更具针对性、贴合性和深入性[②]。教学方法方面，宜采用问题解决、启发式和任务式教学[③]，课程教师需尽可能介绍更多的关于某个问题的各种观点及其产生背景，与图书馆员共同设计可研究的相关问题，让学生充分讨论，并以相关信息的查找和利用作为填补认知空白的常规做法，以此与信息素养教育互相配合、相互助益。

三、具体案例

在已有的信息素养教育嵌入中学课程的案例中，馆员大多采用 BIG6 模型参与课程教师的某一知识单元教学，因此在操作的大致流程上与上一节的 BIG6 案例一致。此处将重点展示嵌入式信息素养教育中，学科教师和图书馆

① 胡艳, 胡芳. 对高校图书馆嵌入式信息素质教育的思考——以首都师范大学图书馆为例[J]. 大学图书馆学报, 2013（4）: 88-92.

② 黄萍莉. 嵌入式信息素养教育在欧美澳盛行的原因探析[J]. 高校图书馆工作, 2016（2）: 55-60.

③ 张长海. 信息素养多维视阈下课程体系建设研究[J]. 电化教育研究, 2016（8）: 86-91.

员如何围绕解决同一问题进行分工与合作，如何设置不同的教学目标、使用同一流程、考查不同的学生表现。本节案例选择了伊朗学者 Baji Fatima 等于2015 年介绍的伊朗六年级实施的科学课与 BIG6 模式信息素养课的整合操作[①]，供相关教育者参考学习。

这次信息素养嵌入科学课程的教学单元，主题是"树叶的奇观和这是谁的丛林"，课程关键词主要有食物链、动物、植物，教学重点是食物链，教学方法是探究式、基于问题式。表 5-6 详细展示了在一个教学单元里课程教师和图书馆员各自提出的教学任务和具体目标，表 5-7 展示了他们共同使用BIG6 合作设计的教学流程和考评内容，表 5-8 则以 BIG6 的"定义任务"为例详细展示了双方合作后形成的具体目标和课堂活动，授课过程可由其中一人实施，表中笼统表述为"教师"。

表 5-6　伊朗六年级某班嵌入式信息素养教育课程的教学任务和具体目标

	课程教师	图书馆员
教学任务阐述	表达自然环境和生态系统的重要性，以及这对动物生活的影响；提出保护自然环境的方式建议；撰写一份课程报告，阐释生物与其所处环境的营养关系。	这一单元主要关注食物链以及每一个生物在其中的位置，从而深化学生对动物之间食物链关系的知识。学生通过识别有机体之间的多样关系，了解这些关系在自然生态系统中的重要性，从而激励他们观察动物在自然环境中的行为。
具体目标阐述	①什么是食物链？ ②生态系统的有机体之间是怎样的共存关系？ ③哪一些物种是生态系统优劣的指标？ ④自然环境和生态系统的特点是什么？	①理解食物链和食物网络。 ②观察当地环境中的一条食物链。 ③理解植物的重要性以及它们在植物网络中的角色。 ④理解生态系统和保护方法。 ⑤任选主题撰写本次课程的研究报告。

---

① 　BAJI F，BIGDELI Z，PARSA A，et al. Developing information literacy skills of the 6th grade students using the Big6 model[J]. Malaysian journal of library & information science,2018,23（1）:1-15.

表 5–7 伊朗六年级某班嵌入式信息素养教育课程的教学流程和考评内容

	BIG6 流程	具体内容	教师／馆员的教学任务
教学流程	定义任务	定义信息问题； 识别所需信息； 识别宽泛的和狭窄的主题； 确定研究主题； 写出具体的研究问题。	展示该课程可以用来研究的所有主题； 教会学生如何缩小主题并选定一个特定主题来开展接下来的任务； 介绍研究的过程和具体阶段； 教会学生如何写出研究问题。
	查询信息	确定所有可能的信息源； 选择最优信息源。	详细介绍所有种类的图书馆资源； 帮助学生选择最优资源开展课程研究。
	定位和获取信息	定位信息源； 找到各种信息源上的信息。	指导学生如何使用图书馆纸质、电子资源； 教会学生互联网搜索策略以及如何选择关键词来实施搜索。
	运用信息	阅读、倾听、观看、触摸信息； 抽取相关的信息； 评估抽取出的信息。	指导学生如何做研究笔记； 指导学生如何评估资源。
	整合	从多种资源中组织信息； 展示信息； 撰写包含了各要点的研究报告。	教会学生如何结合课程任务撰写研究报告，尤其关注文内引用和参考文献。
	评价	评价学生组织信息的表现； 评价学生展示信息的表现； 学生填写自评表。	评估学生在 BIG6 模式所有阶段的表现，指导学生对自己的研究报告作出自评。
考评内容	能口头表达出他们对于食物链和生态系统学到了什么； 能提供一份围绕本次课程的某个主题的研究报告； 自我评估他们的各个研究阶段； 课程教师和馆员在 BIG6 各流程对学生进行形成性评价 *； 终结性评价由教师完成。		

　　* 形成性评价（Formative Evaluation）是指考量学生日常学习过程中的表现、所取得的成绩以及所反映出的情感、态度、策略等，是基于对学生学习全过程的持续观察、记录、反思而作出的发展性评价。

表5-8 伊朗六年级某班嵌入式信息素养教育课程的目标与具体内容（以BIG6流程一为例）

流程一：定义任务 （识别问题及其各个方面，识别解决问题所需的信息）	
该步骤中的 课程目标	学生要能理解食物链和网络； 理解植物在空气净化中的作用； 解释多样动物之间的简单关系； 理解生态系统和自然环境的重要性。
该步骤中的 BIG6目标	认知层面：从本次课程的主题中抽取一个，并定义成一个信息问题；识别解决它的多种方式。 情感层面：通过参加小组性的课程来鼓励学生团队合作。 行为层面：学生必须能够限定一个信息问题，并且写出一个更宽泛的主题，还能写出一个更狭窄的主题；学生必须能够根据他们的狭窄主题写出若干研究问题。
该步骤涉及的 学习活动	首先，教师将学生每三人分成一个小组。 第二，教师给每小组一张卡片，卡片上写着本次课程涉及的一些主题。 第三，教师解释如何扩大主题和缩小主题，并给出示例。 第四，每小组有5分钟时间来区别卡片上的主题哪些是宽泛的、哪些是狭窄的，并由一位同学写下结果上交教师，教师纠正每一小组的错误答案。 第五，每小组的学生必须整理卡片的主题，从中选择一个宽泛的主题来做研究。 然后，教师给每位学生一张新卡片写下自己的主题，学生通过小组讨论来缩小主题方式缩小每位同学的主题。 最后，教师解释如何写出一个研究项目的题目和具体问题，并要求学生针对他们缩小的主题写出具体研究问题，并且继续开展小组讨论、合作。每位同学面向全班读出自己的研究问题，其他学生帮助修改。
该步骤涉及的 学生评估	每位学生必须能够区别宽泛的主题和狭窄的主题； 每位学生必须能够识别自己的研究主题，并写出若干具体的问题，这些问题要能通过查找资料得到答案； 教师可以通过提问和查看每位学生写的卡片来评估其水平。

对于中学和中学图书馆而言，嵌入式信息素养教育的实施无疑面临诸多困难，要达到良好效果的关键是合作，而合作的前提是基于共同的认知和

价值取向，因此嵌入式信息素养教育需要额外注重在全校统一思想，使相关参与者（教师、馆员、学生、管理者等）对信息素养的重要性、培养的必要性、可能的困难、最终的效果等形成较一致的认识，做好充分的能力准备。由于这一模式在探究式学习中效果更明显、操作更容易，因此可以选择实施探究式教学的课程，进行试验摸索，逐步探索出适合本校的模式。

四、我国实践

我国基础教育阶段尚无单独开设的信息素养课，由图书馆主导的新生入馆教育和信息检索培训并不能算完整的信息素养教育。不过，目前部分信息技术课有嵌入其他学科的经验，可为未来由图书馆主导的信息素养课提供借鉴。一方面，信息技术课会选用其他学科课程的内容作为操作实例，以便让学生更明确其实用性价值；另一方面，在其他学科的教学过程中充分运用信息技术课程上学到的方法，以提高教学效率、巩固教学效果，并且还可以强化学生对信息技术的学习。

教育部《普通高中信息技术课程标准》（2017 年版，2020 年修订）中明确建议要"重构课堂教学组织方式"，在教学中教师应淡化知识的单一讲解，课堂价值取向从"学会操作"转向"形成学科核心素养"，引导学生从实际学习和生活中发现研究问题，培养学生的信息素养。这也为我国中学信息素养教育中的嵌入式课程发展提供了政策支持。

☞ 本章小结

本章梳理了信息素养的基础理论，阐释了信息素养教育的重要价值，并从课程的开设理论和实践方面勾勒了信息素养教育的一般轮廓；然后详细介绍了两种常见的教学模式——BIG6 模式和嵌入学科课程模式，供相关教育者借鉴参考。

对素质教育改革中的中学而言，实施信息素养教育无疑是巨大的机遇，同时面临更多挑战。无论是传统知识模块教学模式，还是 BIG6 模式、嵌入学科课程模式，都需要图书馆员以及课程教师付出很多心力来设计、实施，更需要全校上下团结一心、积极探索。不过鉴于信息素养的重要性，鉴于其与探究式学习的密切关系，中学的信息素养教育大有可为。中学图书馆员应充满信心、积极探索。

思考题

1. 信息素养课程与信息技术课程有什么不同？
2. 信息素养对于中学生学习和成长的重要性有哪些？
3. 设计本校的新生入馆教育课程。
4. 在中学实施嵌入学科课程的信息素养教育面临哪些具体困难？

延伸阅读

[1]韩丽风,王茜,李津,等.高等教育信息素养框架[J].大学图书馆学报,2015（6）:118-126.

[2]潘燕桃.信息素养通识教程[M].北京:高等教育出版社,2019.

[3]CHEN L C，CHEN Y H ，MA W I . Effects of integrated information literacy on science learning and problem-solving among seventh-grade students[J]. Malaysian journal of library & information science,2014,19（2）:35-51.

[4]武汉大学黄如花教授主讲的慕课"信息检索",网址是:http://www.icourse163.org/course/whu-29001#/info.

[5]中山大学潘燕桃教授等主讲的慕课"信息素养通识教程:数字化生存的必修课",网址是:http://www.icourse163.org/course/SYSU-1001936003.

第六章　中学图书馆的管理

中学图书馆的馆藏建设与服务都需要科学管理进行保障。其中，图书馆员又是最为关键的因素。本章首先对中学图书馆员的能力进行分析，进而对学生馆员的招募和管理进行探讨，对中学图书馆的空间布局进行介绍，最后对中学图书馆中技术的应用进行分析。

第一节　中学图书馆员的能力和继续教育

2018 年版《中小学图书馆（室）规程》第四条规定"图书馆的主要任务是：贯彻党的教育方针，培育社会主义核心价值观，弘扬中华优秀传统文化，促进学生德智体美全面发展；建立健全学校文献信息和服务体系，协助教师开展教学教研活动，指导学生掌握检索和利用文献信息的知识与技能；组织学生阅读活动，培养学生的阅读兴趣和阅读习惯"。第三十五条规定"图书馆管理人员应当定期参加教育行政部门或专业学术团体组织的专业培训，并纳入继续教育学分管理。支持图书馆管理人员参加专业学术团体"。从以上规定可以总结出，中学图书馆员应该具备专业能力，应当参加继续教育。中学图书馆员只有通过参加继续教育，坚持自我学习，不断提升自身能力，才能更好地为学校读者服务，完成图书馆主要任务。

一、中学图书馆员应具备的能力

（一）具备良好的职业道德

所谓干一行爱一行，良好的职业道德是所有从业者必须具备的最基本素质。中学图书馆是学校文献信息中心，在学校教育科研中起着极为重要的作用，也是学校"书香校园"建设的重要窗口。中学图书馆员要有强烈的事业心和责任感，想读者之所想、急读者之所急，始终把读者放在第一位，时刻牢记"以人为本"的服务理念。在工作中，要注意自己的形象，态度和蔼，谈吐文明，耐心为读者提供服务。特别是对于学生读者，更需要耐心。初高中生具有活泼好动的天性，特别是初中生，往往会忽视图书馆管理制度，中学图书馆员应具备良好的沟通能力和控制自我情绪的能力，保持积极心态，避免与读者发生冲突。

（二）具备扎实的专业技能

扎实的专业技能是做好图书馆工作的基础。中学图书馆员仅仅依靠事业心、责任感和奉献精神，不足以做好本职工作，还需要具备一定的专业技能，具体要求如下：

（1）掌握一定的图书情报专业基础理论和相关知识，熟悉馆藏资源。

（2）熟悉图书馆的各项业务工作，如图书与期刊的采访、编目、上架、借阅，读者服务，图书馆阅读推广，读者信息素养教育等。

（3）熟悉计算机相关知识。随着信息技术高速发展，大部分中学图书馆基本实现了现代化信息管理，图书馆员应掌握常规计算机操作、表单处理、信息存储、信息检索、计算机编目及简单的系统维护等技能。

（4）熟悉教师读者在教育教学科研方面所需专业数据库、相关网站的检索与服务，如中国知网、万方数据库、中国学科网、高考资源网等。

（5）中学图书馆不仅在新书推荐时需要进行文字图片设计，微信公众平台编辑也需要进行文字图片设计，中学图书馆员最好能掌握一定的海报或网站设计方法，为图书馆宣传推广储备知识。

（6）中学图书馆面对的读者群体以未成年人为主，特别是初中生群体，他们正处于青春期，生理和心理变化较大，中学图书馆员有必要掌握一些沟通技巧以及青少年心理发展知识。

（7）了解青少年读物基本构成，以及每类读物的基本特点和代表性作品。中学图书馆员首先自身要热爱阅读，经常阅读，只有自身熟悉图书才能更好地为读者提供服务。图书馆员读书面要广，各种学科门类都要有所涉猎，特别是一些中学推荐书目中的图书或热门图书，都应大致阅读。除此之外，还应该进行深阅读，选某一学科门类作为自己的专长，以便更好地开展读者服务。

（8）图书馆员还应该阅读图书馆学基础、阅读推广、图书馆建设等方面的优秀图书。

二、继续教育的路径

中学图书馆员要跟上时代的发展，适应新课程改革对学校图书馆的影响，加强自身素养培养，坚持继续学习。中学图书馆员的继续教育一般有以下几种途径。

（一）教育行政部门专业培训

教育行政部门专业培训指省、市、区（县）等各级行政区的教育行政部门或者教育装备中心组织的中学图书馆员专业培训。近年来，各级教育行政部门或教育装备中心越来越重视中学图书馆建设与人才培养，相继举办了各种类型的中学图书馆专业培训。2018年，天津、内蒙古、湖北等省、自治区、直辖市以及石家庄、温州、广州、武汉、莆田等市相继举办中小学图书馆员培训班。这种专业培训时间较短，通常不超过三天，主要由图书馆行业内专家或资深图书馆员进行主题授课。

另一种方式是由教育行政部门或教育装备中心委托高等学校图书馆学系或信息管理系对本地区中小学图书馆馆长或骨干进行脱产集中培训。这种专业培训时间较长，通常为五天左右。如广州市教育装备中心近年来委托中山大学信息管理学院、华南师范大学信息管理学院对广州市中小学图书馆馆长或骨干进行专业培训。这种培训主要由大学教师授课。

（二）学术团体专业培训

学术团体专业培训指各级各类学术团体组织的图书馆员专业培训。学术团体专业培训既开展面向各级各类图书馆从业人员的培训，也开展专门针对中学图书馆员的培训，还有针对未成年人服务的相关培训。

（1）"阅读推广人"培育行动：由中国图书馆学会组织，以培养具有一定资质、可以开展阅读指导、提升读者阅读兴趣和能力的"阅读推广人"为目的，面向对象是从事阅读推广工作的各级各类图书馆从业人员，与阅读推广相关的科研、教学、生产等企事业单位人员与有志参与阅读推广事业的其他社会人员，至2022年已经举办19期。

第十三期"阅读推广人"培育行动培训内容 [①]

（1）少儿阅读推广理论；

（2）儿童阅读活动策划；

（3）美国图书馆的未成年人服务；

（4）图书馆如何与学校开展合作；

（5）四川省图书馆少儿阅读推广情况分享。

（2）中小学图书馆工作者研修班：中国图书馆学会中小学图书馆分会组织，旨在提高中小学图书馆（室）工作者专业素养和管理水平，同时为其提供学习、交流、研讨的平台。至2018年7月已经举办16届。

第十五届中小学图书馆工作者研修班培训内容

（1）教育部新版《中小学图书馆（室）规程》培训；

（2）基于云技术的中小学图书馆建设、管理和应用；

（3）中小学图书馆工作与课程深度融合的研究；

（4）中小学图书馆校本资源建设与应用；

（5）阅读指导课程现场观摩与交流；

---

① 中国图书馆学会.中国图书馆学会关于举办2019"全国图书馆未成年人服务提升计划"（四川站）暨"阅读推广人"培育行动（第十三期）的通知[EB/OL].[2019-03-20]. https://www.lsc.org.cn/contents/1129/13270.html.

（6）中小学图书馆建设及应用经验介绍展示，观摩中小学图书馆建设案例。

（3）广州市中小学图书馆员教研培训：广州教育学会中学图书管理专业委员会组织，旨在提高全市中小学图书馆（室）业务工作水平，并为全市中小学图书馆从业人员搭建学术研究和交流的平台。该专业委员会成立于2001年，每年分两个学期组织全市各区中小学图书馆员开展教研培训活动。

2018年下半年广州市中小学图书馆员教研活动

（1）理事会议暨本学期专委会工作安排

① 2018年中小学图书馆馆藏推荐书目的出版与使用；

② 2018年学术论文征集；

③ 2018年教研积极分子评比。

（2）分区教研活动

①各区专题报告、工作交流；

②介绍学术论文的主题和征集时间；

③介绍教研积极分子评比的标准和报名时间；

④介绍业务技能大赛的安排及报名事宜。

（3）专家讲座：高波教授，主题：中小学图书馆良好阅读空间的构建

（4）第五届中小学图书馆员业务与技能大赛

（5）学术年会：读者心中的最美图书馆（论坛）

（三）中小学教师继续教育

2011年教育部发布的《教育部关于大力加强中小学教师培训工作的意见》（教师〔2011〕1号）中明确提出"有计划地组织实施中小学教师全员培训"。目前，多样化教师继续教育培训已成为在职教师专业发展的重要途径，其培养目标、培养模式、教学方法等不断改革与创新，促进教师专业理论知识不断更

新，为教师自我成长提供良好的发展空间[①]。依据教育部文件精神，各省、自治区、直辖市都有相应的继续教育管理细则。中学图书馆员作为学校教辅人员，属于专业技术人员，同样需要参加中小学教师继续教育。虽然各地对继续教育要求不同，但几乎都是通过网络或者线下组织教师学习教育学、心理学、学科教学、学校管理等课程。比如广州市根据《广州市中小学教师继续教育管理办法》将教师继续教育分为两类：公需科目和专业科目。每学年教师需要完成72学时的学习任务，公需科目是必修的，专业科目由教师自由选择。

（四）参加专业学术团体

参加专业学术团体，成为其会员或者委员，不仅能拓展中学图书馆员视野，使其向图书馆学界、图书馆业界同行学习，还能锻炼馆员能力，提升馆员自身素养。中学图书馆员可以参加的专业学术团体主要有两类：一类是图书馆行业组织，比如中国图书馆学会及下设分支机构，其中中小学图书馆分会和未成年人图书馆分会面对的很大一部分读者群体与中学图书馆读者群体一致，还有各省市级图书馆学会；另一类是在省市级教育学会下设的省市中小学图书馆专业委员会，如广东教育学会中小学图书馆专业委员会、广州教育学会中学图书管理专业委员会。

第二节　学生馆员队伍建设

学生馆员队伍参与中学图书馆管理工作，一方面可以弥补中学图书馆员人手不够的问题，减轻专业馆员工作压力，使学生馆员成为专业馆员的得力助手；另一方面这也是培养学生参与学校管理、培养中学生德智体美劳全面发展的主要措施，更是对中学生进行文献信息教育、培养学生图书馆意识的有利措施。学生馆员通过招募、培训、上岗、考核、表彰等方式参与学校馆藏发展、图书馆服务等流程，有些还直接参与学校"书香校园"建设，为班级、年级和全校读者服务。中学图书馆需要重视学生馆员培养，既要有培养

---

① 金单单.中小学继续教育问题及对策研究[D].保定:河北大学,2014:1.

机制，同时也要有管理制度，这样才能真正发挥学生馆员的作用。

一、学生馆员的招募

学生馆员招募一般采取公开招募和班级推荐模式进行。

公开招募时，需要明确所需岗位以及服务时间、能力要求等，并且将需求发布在校园平台上，尽可能让更多读者了解。在规定的时间、地点组织报名活动，由馆员和老学生馆员联合进行简单面试，录取后给予学生馆员录取通知书，增强仪式感。

图 6-1　广铁一中外国语学校图书馆志愿者招募海报

班级推荐由班主任根据图书馆岗位需求推荐学生成为学生馆员。一般流程是由班主任简单介绍学生馆员工作，班上同学自愿报名，班主任选拔，再推荐一定数量学生馆员参与图书馆工作。这种模式下的学生馆员主要由班主任负责进行选拔、考核。当采取公开招募方式，学生参与积极性不高时，通常采取与班级合作方式来招募学生馆员。

珠海三中图书馆助理（义工）招募方式

> 珠海三中是一所高中学校，其学生馆员称为图书馆助理（义工），在新学年开始通过义工服务申请表进行招募。申请表含基本信息（姓名、性别、班级、QQ、电话号码等）、服务时间（周一到周五中午或者下午放学后）、工作项目（共分为借阅流通组、综合阅览组、新书加工组、阅读推广组、读书活动组、服务之星组、微信宣传组、电影小组8个组，每一个组别详细列出所需要完成的工作任务，如读书活动组的工作任务是组织图书馆文化节活动，开展读书活动、真人图书馆活动等）、兴趣爱好、对义工组织的认识、对图书馆的建议，以及问卷调查、家长及班主任签名。

二、学生馆员的培训

学生馆员从招募到正式上岗服务需要经过系统培训，一般采取集中培训和分开培训两种方式进行。集中培训需要制定相关培训内容，从阅读意义、工作重要性、工作内容、岗位需求、图书馆知识技能以及交流沟通技巧等方面进行。经过系统培训后，要为每一位学生馆员分发标识袖章或工作证，既可以增强其自豪感和责任意识，也使他们在服务过程中区别于一般读者，以便更好地为其他读者服务。分开培训是根据每个岗位的不同特点分组别进行再培训，使学生馆员对岗位有更深的认识，更清楚自己该做什么、怎么做。图书馆应该重视学生馆员培训，一名优秀的学生馆员需要经过不断的培训和学习。学生馆员既是馆员又是读者，既了解学生对图书馆的诉求，可以及时向图书馆反馈，又可以向读者宣传介绍图书馆功能与服务内容，扩大图书馆与读者沟通渠道[①]。学生馆员应该成为图书馆与读者之间沟通的纽带和桥梁。

三、学生馆员考核表彰

学生馆员属于学校志愿者团队的重要组成部分。每一位经过培训合格上岗的学生馆员，都应有专属的志愿者服务证书，并记录其服务时长，服务时长也可以折算成图书馆积分，或相应增加其他权限，比如增加图书借阅量等。

对学生馆员的考核包括阶段性考核和届满考核。服务期间的阶段性考核能及时了解学生馆员的服务状态，及时纠正存在的问题；服务结束届满考核是对学生馆员一定时间内工作的回顾和总结反思。不管是阶段性考核还是届满考核，一般都会从学生馆员的工作态度、出勤情况、业务技能、服务质量、服务成果5个方面进行综合评价，制定考核表格。在评价过程中，综合考虑图书馆教师馆员评价和学生馆员互评，评出优秀学生馆员，在学生馆员表彰大会颁发奖状和奖品，在图书馆公告栏张贴表彰名单，并以感谢信方式发送至年级、班级进行表扬，通过树立典型，鼓励学生馆员积极参与到图书馆建设与管理中来。在对学生的鼓励中，除了比较正式的奖励，还需要注意结合中学生特点进行鼓励，比如召开义工联欢会或经常性地让他们的名字在微文中出现。广州大学附属中学图书馆经常在官微上点赞图书馆义工，如通过《今天就想给图书馆义工们，点一个赞》《因为你，图书馆变得如此美丽》《我们是谁？学生义工团队》等多篇文章对义工进行宣传，这类宣传也会在无形中起到对学生的奖励作用。

第三节　空间与设施管理

任何服务都要依附于一定的空间。合理规划中学图书馆空间，可以改善用户体验。有研究表明，在儿童时期感受到良好的阅读氛围对学生阅读

---

① 林辉燕.中学图书馆学生馆员管理之我见[J].中国现代教育装备,2013（14）:21-22.

兴趣培养具有重要意义 ①。此外，图书馆空间还包括馆员工作空间，良好的工作环境能提升馆员工作体验，进而提升图书馆服务水平。中学图书馆空间建设包含两种形式：一是新馆空间建设，指的是新建学校图书馆空间规划；二是旧馆改造，指的是现有图书馆空间不适宜新需求，需要进行微改造。

一、空间规划原则

中学图书馆的空间规划要遵循一定的原则。

（一）坚持以人为本

这既是首要原则，也是空间规划的出发点和归宿。图书馆为中学生规划服务空间时应考虑其认知、发展与行为的特质，设计出"量身定制"的空间 ②，切忌先入为主。比如设置舒适的阅览桌椅，提供听音乐的场所等。

（二）与学校"书香校园"建设规划整体相协调

中学图书馆空间规划要融入"书香校园"整体空间规划中，使之与学校文化、学校历史相协调，与学校教育教学目标相适应，以达到图书馆成为学校课堂教育延伸的目的。

（三）功能布局合理

中学图书馆主要的读者群体为初高中生，在进行空间规划时，要充分考虑不同年龄段学生的需求和特点，根据这些差异性设置不同的空间。同时，中学图书馆馆藏面积有限，要注意空间设置的开放性和灵活性，以便实现"一馆多用"目的。比如阅览室除平常开放自由阅读之外，还可以作为阅读指导课场地，应有足够一个班以上的座椅和上课所需投影仪等设备。

（四）安全

安全性是中学图书馆空间规划的重要原则，所有的规划以保证学生安全为第一要素。未成年人（特别是初中生）喜欢打闹、好追赶，安全意识淡

---

① 谢建成,王丹怡.小学图书馆内部空间用后评估之研究[J].图书资讯学研究,2009（1）:70-84.

② 邱子恒,李宜桦,陈倩冬.儿童图书馆（室）之空间规划研究[J]."中央图书馆"台湾分馆馆刊,2001（4）:30.

薄，因此一定要排除潜在危险，同时还要在容易发生问题的地方比如透明玻璃门窗等贴上醒目提醒标识。

（五）文化熏陶

注重空间规划对学生的熏陶与文化影响力。读者是图书馆的主体，将读者作品引入图书馆空间规划中来，可达到既美化环境又增强仪式感的作用，使读者乐于进入图书馆中。

二、图书馆空间主要设施

我国《中小学校设计规范》（GB 50099—2011）[①] 规定："中小学校图书室应包括学生阅览室、教师阅览室、图书杂志及报刊阅览室、视听阅览室、检录及借书空间、书库、登录、编目及整修工作室。并可附设会议室和交流空间。"一般来说，中学图书馆建筑面积较小，按照规定使所有藏室或工作室单独成间可能性较小，所以更多的是根据馆藏特点及读者需求在一定建筑空间内进行复合式空间规划设计。中学图书馆要成为学校信息资源高地和师生智慧中心、成长中心、活动中心，一般需要以下几种空间分区：

（1）入口、出口：统一的入口与出口方便管理，入口与出口处需要设置防盗检测系统，而且应该足够宽敞，以免学生进出馆拥挤，存在安全隐患。

（2）书刊借阅区域：该区域藏、借、阅、检一体化，即在该功能区域既可以收藏文献，又可以令读者方便地借出文献，还可以取下图书坐下来静读或查阅。有条件的图书馆可以将图书和期刊分功能进行建设，没有条件的可以将书刊集中在一起，分块进行管理。书刊借阅区域应该设置阅览桌椅，方便读者阅读。同时在较醒目位置（如新书通报、读者推荐栏等）设计与读者互动的栏目。

---

① 中华人民共和国住房和城乡建设部.中小学校设计规范[S].北京:中国建筑工业出版社,2011:24.

图6-2　广州大学附属中学图书馆借阅区

（3）多媒体及电子资源阅读区域：提供多媒体设备或电脑以方便读者进行多媒体资源检索及学习。中学图书馆的主要读者群体是初高中生，相比教师读者而言，他们作为数字时代的"原住民"对数字资源有着天然的喜爱。他们习惯于在手机上阅读、浏览新闻、进行社交或者玩游戏等，也习惯使用纸墨水屏如 Kindle 等电子阅读设备。该区域设置的电子阅读设备和电脑应引导学生阅读健康向上的内容或对个人成长有益的知识等，应将电子设备放在图书馆比较显眼的位置，方便馆员或同学进行监管。

（4）学习共享空间：读者进行共同学习、研讨、交流，产生思维碰撞的场所。为了不影响到其他读者，学习共享空间一般会有较好的隔音效果，配备投影仪或者一体机电脑、可擦写的白板、桌椅等。学习共享空间一般采取让读者预约的方式进行管理。

图6-3 华南师范大学附属中学图书馆学习共享空间

（5）教工阅览室：教师读者是中学图书馆的重要服务对象。图书馆可以尝试为教师读者营造环境优美、舒适放松、相对独立的环境，放置沙发茶几，使教师得以在此调节放松。中学图书馆中书刊借阅一般采取师生同库，但某些不适宜未成年人阅读而适合成人阅读的图书需要有一个相对独立的馆藏区域，教工阅览室则能满足这一需求。教工阅览室不仅要为教师读者提供优美的阅读环境，还要努力成为教师学习、阅读、身心放松、备课交流的好去处，同时也是教师专业成长、教师读书沙龙的主要阵地。

（6）自习室：除教室之外，中学生还需要在相对安静的环境下阅读学习。中学图书馆特别是高中学校图书馆应该设置自习室，供学生自由阅读学习。随着新课程改革不断深入、高中走班制教学全面实施，学生需要更多自习空间供其学习。

（7）馆员工作室：馆员工作室是中学图书馆馆员相对独立的空间，是馆员办公、开会、计划课程的场所，同时也可以兼作图书馆编目工作室。现阶段大部分中学图书馆员的工作台设置在图书馆各功能室开放区域，既造成馆员和读者相互干扰，也使馆员自身办公受到影响。设立独立馆员工作室、创造条件相对较好的办公环境是激发馆员主观能动性、提升其工作绩效的主要举措之一。当然，一线馆员工作台还需要靠近读者活动区域，以方便及时解答读者的各种问题，提供优质服务。

（8）展览区域：展览区域既可以是图书馆信息发布（如新书通报、读者书评、书腰展示、借阅排行榜等）的场所，也可以是图书馆与读者互动交流（如"我要荐书""读者有话说"等）的平台。设置展览区域是拉近图书馆和读者之间距离的一种有效方式。中学图书馆可以利用走廊、过道或其他空间区域，设置展览区域；有条件的图书馆还可以设置专门的展览区域，定期举办师生作品展等。

图6-4　深圳格致中学图书馆展览区
图片来源：嘉冠致远（北京）教育科技有限公司提供。

（9）创客空间：创客空间是一个集加工车间、工作室功能于一体的非正式物理场所，拥有共同兴趣和爱好的人们可以在这里交流经验、共享想法和协同创造。创客空间可为图书馆用户提供非正式学习环境及创意工作相关工具[①]。中小学图书馆结合本校特色，可配置 3D 打印机、3D 扫描仪、缝纫机、切割机等加工所需的设备与工具，打造出不同的创客空间，如手工制作中心、机械制作中心、教学与可视化实验室、STEAM 教学实验室，以及 DIY 培训、创意展览、创客沙龙等活动的中心。

三、中学图书馆空间设计案例

（一）新建馆：深圳中学（泥岗校区）图书馆

深圳中学（泥岗校区）图书馆连接着四栋教学楼，每栋教学楼的学生都可随时抵达。图书馆面积共 5000 平方米，有 700 个阅览座席，藏书区、阶梯阅读区、小型阅读区、电子阅读区、阳光阅读区、独立太空舱、研讨空间等相互交错，多元化的阅读空间增强了读者与书籍互动的体验感。

图 6-5 深圳中学（泥岗校区）图书馆电子阅览及有声读物区

（二）特色阅读空间：广州大学附属中学国学馆明德书院

广州大学附属中学国学馆明德书院坐落在该校图书馆四楼，是该校图书馆的馆中馆，也是全校开展中国传统文化教育、开设国学系列课程的主要场所。由浅入深是做学问的规律，明德书院在空间设计时也借鉴了这一创意，

---

① 曹芬芳,杨海娟,黄勇凯,等.我国高校图书馆创客空间现状调查与分析[J].大学图书馆学报,2019（3）:50-56.

整个空间布局按照"由浅入深、登堂入室"思想进行规划。进门正厅以国学馆为匾，孔子之《论语》为训，开篇明义、开门见山地宣示了国学馆宗旨，意在教化学生，有教无类。门厅进入后便到达讨论室，设有多人会议桌和私密讨论室，可供多人讨论和少数人探讨之用。讨论室旁边开设讲坛，为学校国学选修课开课之所，平时亦可供大型探究学习活动之用。最里间为典籍特藏馆和研习室，供学有余力的学生和教师使用，经准许可翻阅特藏文献，潜心研习。明德书院空间设计摒弃了传统书库大开间做法，更注重个体功能性和整体层次感，将书院分成四个小隔间，由外往里分别为共享阅读空间、杏林讲坛、国学研习室和线装书库。室内装饰设计也按照登堂入室的思路，让读者有一种穿越到古代的临场感。递进的层次自然地分流了不同读者群，为有相同需求与爱好的读者群创造了天然的聚合场所。喜欢分享讨论的读者可以一起研讨，喜欢安静、潜心学习的读者也有单独场所，互不打扰。

图6-6　广州大学附属中学国学馆明德书院杏林讲坛

（三）微改造：上海市枫泾中学图书馆

上海市枫泾中学图书馆总建筑面积空间不大，仅为250余平方米，由两间大教室和两间小教室组成，空间、面积受限使得方案设计面临较大约束。然而通过优化设计、转变设计理念，该馆实现了由传统型图书馆向多元学习中心的转变。一间大教室被规划为开放学习室，通过书柜灵活组合与座椅优化布置，形成两个安静阅读区和两个有声组合探究阅读区，可分别满足不同规模学习小组多样的学习需求。另一间大教室保留藏书与借阅主要功能，设计为一个自由阅读室，整合师生多元阅读需要，同时灵活组织书柜座椅，师生可在其中进行阅读。另外两个小教室则被规划为媒体阅读室和办公室[①]。

（四）阅读空间再造：新加坡立才中学图书馆[②]

立才中学（Commonwealth Secondary School，CWSS），位于新加坡裕廊东，是一所公立学校。立才中学的图书馆位于教学楼一楼大厅和食堂之间，属于黄金地段。图书馆不仅仅用作阅读场所，还能开展社交、教学等活动。图书馆员通过调查访问老师和学生了解读者需求，对图书馆的空间实行再造，使图书馆呈现出现代、开放的风格。该馆分为八个主要的区域：

（1）多功能区（表演区）：图书馆的阅读空间不仅仅用于阅读，还可以进行教学、社交活动。基于此，他们设计了此区域。这个区域包括三层台阶，台阶可坐，并面向一块小型的开放区域。在平常，这个区域可作为阅读区使用，开放区域摆放豆袋沙发，为读书的学生提供更舒服的座位。而有教学活动或者其他活动时，将豆袋沙发移开，这个区域摇身一变，成为一个小型的报告厅或讲演区。

（2）书籍展览区：图书馆每月都会进行不同主题的书籍展览，书籍展览的位置就在图书馆的入口，搭配彩灯可以呈现出美轮美奂的效果。路过的学生透过玻璃门就可以看到当月的主题书籍展览，若有其感兴趣的书籍便会被吸引从而走进图书馆。

---

① 邵兴江.从重藏到重用：引领未来的中小学图书馆革新设计[J].上海教育,2013（19）：68-69.

② 河北大学图书馆学专业本科生张圣义根据英文资料编译而成。参考：LOH C E,ELLIS M，PACULDAR A A，et al. Building a successful reading culture through the school library：a case study of a Singapore secondary school[J]. IFLA journal,2017,43（4）：335-347；LOH C E. Reading culture SG [EB/OL].[2021-11-30].https://www.readingculturesg.org/case-studies.

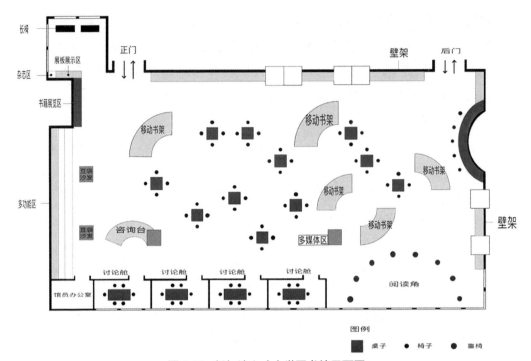

图 6-7　新加坡立才中学图书馆平面图

图片来源：LOH C E，ELLIS M，PACULDAR A A，et al. Building a successful reading culture through the school library：a case study of a Singapore secondary school[J]. IFLA journal，2017，43（4）：335-347.

（3）中心学习区：这个区域包括可移动的书架和正方形的书桌。作为整个图书馆最主要的学习和阅读空间，它是流动的。书架和书桌的选择和摆放都经过了设计。选择正方形的书桌使读者能够面对面进行阅读，学生们无形之间进行了社交活动。同时正方形书桌限制了人数，使得人数不会过多或者过少，从而达到"和谐"的程度。选择可移动的书架主要基于"以用户为中心"的理念，通过书架的移动，将中心学习区划分为零散的区域，以满足多个用户的需求且不影响其他用户。移动书架上会摆放开本较大的书，一是弥补壁架区的空间限制，二是为了吸引路过的学生能够拿起书架上的书就近坐下浏览。同时书架的移动，会给整个空间带来一种动感。

图 6-8 新加坡立才中学图书馆的中心学习区

图片来源：LOH C E. Reading culture SG [EB/OL]. [2021-11-30]. https://www.readingcul turesg.org/case-studies.

（4）壁架：图书馆内除了可移动的书架外，还有嵌入墙壁的固定书架，这一做法为图书馆留出了更多的空间。壁架上的书籍借鉴了零售商品摆架的原则，将书籍的封面朝外摆放而不是朝内，精美的封面更容易吸引年轻读者的注意力。书籍的摆放不会过于拥挤，从而使年轻读者可以更加放松自由地去选择自己感兴趣的书籍。

（5）讨论舱：共有四个房间，目的在于促进学生之间的讨论、合作。四个房间都装有隔音玻璃。同时，坐在房间外的图书馆员也能及时注意到房间内发生的情况，并在不良行为发生时进行干预。

（6）阅读角：设置阅读角的目的在于给学生提供一个能够进行沉浸阅读的环境。因此阅读角设在距离多功能区较远且靠窗的位置，这里可以看到户外的绿化，具有开阔的视野，拥有平衡自然光，同时搭配柔和的音乐以及香薰疗法，营造宁静的氛围。同时椅子的选择和摆放也经过了深思熟虑。选择质地柔软的扶手椅，使学生能有更舒适的阅读体验。而 8 个扶手椅呈半圆形摆放，且每个扶手椅之间距离 30 厘米，为的是减少读者之间的交流，即使交流，人数也会被限制在两个人以内，从而实现沉浸阅读的目的。

（7）墙座区：壁架之间有一个深入墙内的隔间，搭配一条长凳和一张小书桌，可供两个学生同时进行学习或者阅读，整体呈黄绿色，深受学生们的喜爱，被亲切地称为"小熊洞"。

图6-9　新加坡立才中学图书馆的墙座区

图片来源：LOH C E. Reading culture SG［EB/OL］.［2021-11-30］. https://www.readingcul turesg.org/case-studies.

（8）酒吧座位区：此区域仿照吧台式的座位进行打造。围绕着突出的柱子，摆置了五张酒吧椅子，因为其独特的创意，该区域也深受同学们的欢迎。

四、图书馆标识系统

标识的作用在于让读者和馆员更好地使用图书馆。标识系统要传递给读者的是：图书馆欢迎每一位读者，读者非常重要。如果只是简单手写一个标识或是错字连篇，则会导致相反的效果。标识的设计要充分考虑读者可能遇到的问题。图书馆员一定要清楚，尽管每个图书馆员都很友善，乐于帮助读者，但是某些读者总是不愿意麻烦图书馆员，这时候标识系统就至关重要，能够帮助他们熟悉和使用图书馆。如果图书馆在设计标识系统时遇到困难，图书馆员要反思图书馆的整体空间设计是否有问题。

（一）标识的类型

（1）方向性标识：帮助读者指引方向。

（2）指示性标识：帮助读者找到需要的馆藏、资源，获得需要的服务。比如流通台、非小说区、书架上的分类号等。

（3）信息性标识：告诉读者如何使用自助借还设备等信息。

（二）设计标识系统应该遵循的原则

（1）在需要的时候提供信息。

（2）术语应该简洁易懂。

（3）图书馆的整个标识系统应该协调统一。

（4）字体足够大，便于阅读。

（5）标识应该容易去除或移除。

第四节　图书馆自动化管理

一、自动化管理软件发展历程

国内图书馆自动化系统起步于 20 世纪 70 年代末，其发展主要经历了三个阶段。1985 年以前的系统主要运用单机对图书馆业务管理过程进行控制和管理，如流通、采编、检索等业务工作的自动化管理；1985—1995 年属于集成化、网络化发展阶段，基本上采用局域网或多用户方式实现图书馆采访、编目、流通、参考咨询、联机检索等业务工作自动化管理；1996 年后，规模化、商品化图书馆自动化管理软件大量涌现，有力推动了图书馆自动化管理的普及和发展[①]，但就我国中学图书馆自动化而言，其整体发展水平仍很落后。由于经费、人员等各方面因素局限，中学图书馆自动化建设更多处于起步阶段，主要表现在有些中学图书馆尚未实现业务工作计算机管理，实现了部分业务工作计算机管理的中学图书馆则存在数据库建设水平低等问题。

一部分中学图书馆自动化管理是从手工操作开始迭代到计算机操作。因图书馆专业馆员不足，鲜有中学图书馆会从建卡片目录逐步过渡到机读目录，大多数中学图书馆都是从简单手工登记直接过渡到计算机操作。随着信

---

① 蒲琼.基于架构的图书管理系统的设计与实现[D].济南:山东大学,2010:2-4.

息技术不断发展，中学图书馆业务工作不断完善，中学图书馆自动化管理系统目前主要有单机版、网络版及集群化管理三种模式。单机版是指图书馆系统的客户端和服务器端都在同一台电脑上，只有一个客户端，只能在一台电脑上使用。网络版又称多机版，必须有一台服务器，至少一个客户端。通常一台电脑做图书馆系统的服务器，其他电脑做客户端，可以同时多人使用图书馆数据库数据，如书目数据、读者数据等。网络版图书馆系统因数据库存放地的不同，一般又分为两类：一类是数据库存放于校园局域网内，称之为局域网络版；另一类是数据库存放于教育云或公共云之中，称之为云图书馆。单机版适合只有一个藏书室及一个图书馆员的图书馆使用，而网络版更适合拥有多个藏书室、多个馆员的图书馆使用。近年来，由集团学校、地方教育局或教育装备部门牵头组织的区域性云平台或集群管理系统不断涌现，基于客户端 / 服务器（C/S）模式的集群管理系统成为中学图书馆自动化管理系统发展的方向。

集群管理系统是一种开放式系统，是以提供书目为中心、有丰富交互性的图书馆协作平台。平台在实现一定区域内各图书馆业务管理自动化的基础上，重点解决多个图书馆间协调管理、联合目录、馆际互借、通借通还、资源整合等业务工作问题，以目录管理为核心，将图书报刊、电子文献、随书光盘、视音频资料、专题数据库、网上信息等多种资源整合起来予以揭示，使相互联系的多个图书馆组织成为布局合理、协调有序、规范高效的图书馆群体[①]。现在有一些地区的教育主管部门通过集成管理系统将该地区中小学图书馆进行统一管理。

（一）温州市中小学云图书馆[②]

温州市中小学云图书馆由温州大学图书馆与温州市教育装备和勤工俭学管理中心联合设计、开发和实施，该平台基于云计算理念和技术，面向温州市域基础教育用户，采取同一门户网站与统一身份认证、统一管理的云模式。平台打破了中小学图书馆人力、财力、物力各自分离的局面，让用户充

---

① 李东来.城市图书馆集群化管理研究与实践[M].北京:北京图书馆出版社,2005：158-159.

② 温州市云图书馆网址:http://yuntu.wzer.net/,以下内容参考该馆官网。

分体验到使用方便、投入更低、免除维护、服务全面、数据来源确切、资源量大、大局可掌控、个性化强的图书馆云服务。同时，平台方便对接智慧城市、智慧教育、数字化校园、高校图书馆、公共图书馆，实现中小学图书馆事业有序、良性、快速发展。

温州市中小学云图书馆共拥有全市中小学 2500 余万册纸质图书数字化管理数据库，汇集融合了各类优秀数字资源库，其中有包含 8 万册电子图书的数据库，3 个中小学期刊数据库，2 个中小学工具书数据库，6100 册中华连环画数字图书，1000 册数字艺术图书，750 本有声故事绘本，500 集艺术视频，900 集儿童视频，700 集 Discovery 视频，9000 集公开课、微课、地方课程视频，15000 套小学语数英电子教材和同步教辅材料，资源总容量达到 22.66TB。截至 2018 年 5 月 7 日，全市共有 1030 所学校进入云图书馆平台，进平台学校比率达到了 97%；云图书馆平台纸质图书馆藏量为 2727.3 余万册，人均册数为 30.36 册；进入平台有效读者（含教师）数量为 104.6 万余人。97% 的中小学都建成了"纸质图书有数字化管理、电子阅览室有丰富资源、支持阅读有借阅一体机、支撑泛在阅读有平板电脑"的"四有"图书馆新格局。

（二）广州市白云区中小学图书馆集群管理平台

广州市白云区中小学校图书共享管理服务平台主要整合了全区 100 多所公办中小学的图书资源，实现全区统一账号登录，通借通还；在图书流通方面，通过物流配送，将 A 学校的图书运到 B 学校，学生不需要专门跑到其他学校去借书，便可以享受到全区中小学图书资源；最后通过大数据分析挖掘系统，可以直观地了解学生借阅情况及学校阅读推广情况，从而更好地管理及服务每一个学生。

图6-10　广州市白云区中小学图书馆集群管理平台实时数据大屏

二、智慧图书馆

近年来，智慧图书馆的研究和探讨日益深入，智慧图书馆不仅是技术变革下的图书馆新发展形态，更是面向未来的图书馆新发展理念。智慧图书馆核心在于广泛应用5G、大数据、云计算、区块链等"技术智慧"，大力提升知识组织、加工、存储、传播、服务等领域的"图书馆智慧"，以全面激活创新创造过程中的"用户智慧"，最终服务于智慧社会的建设与发展。智慧图书馆至少包含以下四个方面特征：一是图书馆业务的全流程智慧化管理，二是知识资源的全网立体集成，三是知识服务生态链的全域连通，四是学习阅读空间的线上线下虚实交互[①]。当下，中学图书馆的智慧图书馆建设主要体现在运用RFID技术[②]基础上的图书馆业务流程智慧化。

---

① 饶权.全国智慧图书馆体系：开启图书馆智慧化转型新篇章[J].中国图书馆学报，2021（1）：4-13.

② RFID（Radio Frequency Identification）技术即无线射频识别技术，是一种可通过无线电信号识别特定目标并读写相关数据而无需识别系统与特定目标之间建立机械或光学接触的通信技术。

　　智慧图书馆相比传统图书馆优势主要体现在：拓展了图书馆服务空间和时间，使图书馆业务流程更加科学化；提高了馆员工作效率，将馆员从传统流通岗位释放出来，更多地从事读者服务工作；节省了读者时间，改善了读者体验，增强了读者黏性；促使馆员及读者思维发生改变，增强了馆员服务意识，提升了读者主人翁意识。

　　从目前来看，中学图书馆基于 RFID 技术的智慧图书馆主要有以下几种模式。

　　（一）玻璃房体式智慧图书馆

　　玻璃房体式智慧图书馆是一个无人值守并由读者自助借还书的自助阅览室，这是一种新型智能图书馆，是集物联网技术、云计算技术、互联网通信技术、远程监控技术等为一体的 24 小时自助服务平台。该平台通过网络通信与云计算技术可在市、区、学校图书馆之间进行馆藏资源共享和信息交互；可实现让读者在社区、校区便利通道处及图书馆内以自助方式借书、还书、阅读、办证、续借、预约等；通过智能安防技术提供安全保障；给读者创造了优雅安静的阅读环境。

　　玻璃房体式智慧图书馆主要由智慧图书馆管理软件、智能自助设备（自助借还机、办证机、还书箱、RFID 芯片、RFID 门禁、馆员工作站）、智能门禁系统、智能监控系统、智能控制系统（电源、灯光、音响、消毒等智能控制）、玻璃房体、大数据显示屏等组成。馆舍面积 20—100 平方米不等，馆内藏书量大于 2000 册。其基本工作原理是自助借还设备关联门禁系统和监控系统，RFID 感应系统自动识别图书在馆和在借状态来控制门禁和监控系统；读者按照智慧图书馆指引自助操作借还，在进行正确的借还手续之后，可自由出入自助图书馆；如果主观或客观操作错误，则门禁启动。其核心技术在于 RFID 的开发和使用[①]。

---

① 黄健勇.广州市中学图书馆自助化调查及思考[J].中国现代教育装备,2017(3):33-36.

图 6-11　广州市江南外国语学校玻璃房体式智慧图书馆——品雅书屋

（二）馆藏空间智慧改造

中学图书馆（室）整体进行智慧改造升级，又称全馆 RFID 自助化。该模式是对原有馆舍空间进行技术改造，将智慧图书馆管理软件、智能自助设备、智能门禁系统、智能监控系统、智能控制系统、大数据显示屏加载到馆舍空间中来，将原有馆藏通过添加 RFID 芯片的方式纳入智慧图书馆管理系统。除此之外，某些学校图书馆还将图书书架加 RFID 层架标签纳入智慧图书馆管理系统，通过联机公共目录查询系统（OPAC），以三维导航图方式实现定位所检索的某本图书在哪一书架上的哪一层。其主要原理是：基于 RFID 技术的层架标签将图书精准归类到层，并将图书信息及层架标签信息记录于图书 RFID 芯片，实现精准查询。从读者的角度而言，由于 RFID 定位功能，查找一本书可以直接从物理位置入手，通过三维导航可以直观地看到图书存放的位置并定位到具体书架位置。相比之前索书号查找书籍的方法，这种方法简化了读者对于《中图法》分类的理解和索书号记忆，《中图法》隐身于图书馆员操作后台，这无疑降低了读者利用信息资源的门槛，加快了读者查找资源的速度，提高了图书利用率。同时，这种模式还方便馆员对馆藏图书随时进行盘点，及时纠正错架、乱架情况，以提升图书的查准率，节省读者时间。这种基于 RFID 技术的阅览室在幕后需要通过 RFID 盘点机器人及时对馆藏图书进行盘点，保证上架准确，从而提高检索准确率。

广州大学附属中学图书馆、珠海市第三中学图书馆、广东广雅中学图书馆、佛山市第三中学图书馆、江苏省连云港市高级中学图书馆等中学图书馆，都已相继实现了学校图书馆全馆 RFID 自助化管理。从广州大学附属中学图书馆实施全馆自助化以来的读者借还图书数据来看，2013 年尚未实施全馆自助化时，全校借还数据 52548 册；实施全馆自助的 2014 年，全校借还图书达 72617 册；2018 年创历史新高，达 114480 册。

（三）校园智慧图书馆服务体系

这种模式是前两种模式的集合体，不是简单叠加，而是资源再集中、再分配。学校图书馆（室）经过智慧升级改造为总馆，在方便读者使用的地方建设玻璃房体式智慧图书馆作为分馆，再结合楼道、班级智慧借还书柜，形成校园智慧图书馆服务网络体系，校园内任意网点实现通借通还，形成资源共享的泛在化阅读格局，最终形成智慧无处不在的校园图书馆服务新格局。

案例：广州大学附属中学校园智慧图书馆服务体系

广州大学附属中学校园智慧图书馆服务体系以黄华路校区和大学城校区的 2 个书库为中心，2 个人文馆、1 个专题馆、2 个教工书吧、2 个国学馆为支点，20 个班级共享书架、3 台智慧借还书柜为扩展点。校园智慧图书馆服务体系逐步成为智慧校园的重要组成部分。

智慧图书馆服务体系的建立让阅读无处不在，营造了浓厚的书香氛围，使每一个校内读者能方便、快捷地获取所需的文献信息资源，潜移默化地影响着全校师生。校区内及校区间实现的文献资源通借通还服务，不仅极大地方便了读者，同时使得馆藏文献信息资源得到进一步优化，提升了整体文献资源利用率。在整个校园智慧图书馆服务体系之中，班级共享书架的建设尚需进行优化与迭代升级。班级共享书架由一个三层的开放式书架和一台自助借还设备组成，存放在试点班级，由读者自主刷读者证进行借还图书。在实际运营过程中，学生自由取阅图书的现象比较严重，未经自助借阅设备进行借还，使得班级共享书架的阅读轨迹难以形成，更有甚者，有的班级管理混乱，导致图书丢失过半。总之，在校园智慧图书馆服务体系建设中，一方面要重视读者教育，另一方面也要不断提升中心馆、支点及拓展点的服务效能。从读者及文献角度出发，既要方便读者，也要使得文献有数据可循，提升图书馆整体服务能力。

☞ 本章小结

中学图书馆管理首先要提高馆员专业素养和能力，一方面要吸纳专业人员进入中学图书馆，另一方面需要加强对现有馆员的培养。馆员需要关注业内动态，加入专业团体，积极学习专业知识，才能更好地为读者提供服务。除了馆员，中学图书馆需要注意学生义工的招募和管理，在招募和管理过程中需考虑中学生特点。中学图书馆空间和设施要体现以人为本、与学校整体风格一致、安全至上等多个原则。中学图书馆应该关注新技术发展，同时考虑将新技术运用到图书馆的可能性。

思考题

1. 结合自身情况，制定一个三年职业成长计划。

2. 请对所在图书馆学生义工招募和管理环节进行反思，并提出以后的发展对策。

3. 假设你所在的图书馆要对目前馆舍进行改造升级，请设计一个改造升级方案。

延伸阅读

[1]宋兆凯.图书馆空间设计与阅读推广[M].北京:朝华出版社,2020.

[2]刘炜.智慧图书馆十问[J].图书馆理论与实践,2022(3):1-6.

附录一 中小学图书馆（室）规程[①]

第一章 总则

第一条 为加强中小学图书馆（室）（以下简称图书馆）规范化、科学化、现代化建设，落实立德树人根本任务，提升服务教育教学能力，特制定本规程。

第二条 本规程适用于公办、民办全日制普通中小学校的图书馆。

第三条 图书馆是中小学校的文献信息中心，是学校教育教学和教育科学研究的重要场所，是学校文化建设和课程资源建设的重要载体，是促进学生全面发展和推动教师专业成长的重要平台，是基础教育现代化的重要体现，也是社会主义公共文化服务体系的有机组成部分。

第四条 图书馆的主要任务是：贯彻党的教育方针，培育社会主义核心价值观，弘扬中华优秀传统文化，促进学生德智体美全面发展；建立健全学校文献信息和服务体系，协助教师开展教学教研活动，指导学生掌握检索与利用文献信息的知识与技能；组织学生阅读活动，培养学生的阅读兴趣和阅读习惯。

第二章 体制与机构

第五条 县级以上教育行政部门负责行政区域内图书馆的规划和管理，

---

① 教育部.教育部关于印发《中小学图书馆（室）规程》的通知[EB/OL].（2018-05-28）[2022-09-30].http://www.moe.gov.cn/srcsite/A06/jcys_jyzb/201806/t20180607_338712.html.

指导教育技术装备机构和学校做好图书馆的建设、配备、管理、应用、培训、评估等工作。

第六条 图书馆实行校长领导下的馆长负责制，由一名校级领导分管图书馆工作。有关图书馆工作的重大事项应当听取图书馆馆长意见，最终由校长办公会决定。

第七条 学校可根据需要设立阅读指导机构，指导和协调全校阅读活动的开展。

阅读指导机构由一名校领导担任负责人，成员由学校图书馆及相关职能部门负责人、教师和学生代表组成，鼓励家长代表参加。

阅读指导机构应当定期召开会议，制定学校阅读计划，组织阅读活动的实施，反映师生意见和要求，向学校提出改进阅读活动的建议。

第三章 图书配备与馆藏文献信息建设

第八条 学校应根据发展目标，以师生需求为导向，统筹纸质资源、数字资源和其他载体资源，制定图书配备与其他馆藏文献信息建设发展规划。

第九条 图书馆藏书包括适合中小学生阅读的各类图书和报刊、供师生使用的工具书、教学参考书、教育教学理论书籍和应用型的专业书籍。民族地区中小学应当根据教育教学需要配备相应民族语言文字的文献资源。接收残疾学生随班就读的学校应当配备适合特殊学生阅读的盲文图书、大字本图书和有声读物等。

第十条 图书馆藏书量不得低于《中小学图书馆（室）藏书量》（附表一）的规定标准。建立完善增新剔旧制度。图书馆每年生均新增（更新）纸质图书应当不少于一本。图书复本量应当根据实际需要合理确定。

第十一条 图书馆应当建立和完善馆藏资源采购、配备办法，定期公告资源更新目录，注重听取师生意见，建立意见反馈机制，不断提高资源质量和适宜性。定期开展清理审查，严禁盗版图书等非法出版物及不适合中小学生阅读的出版物进入图书馆。

第十二条 图书馆应当把《中小学图书馆（室）藏书分类比例表》（附

表二）和教育部指导编制的《全国中小学图书馆（室）推荐书目》作为中小学图书馆馆藏建设的主要参考依据，合理配置纸质书刊。

第十三条 图书馆应当重视数字资源建设，依托区域数字图书馆和信息资源中心获取数字图书和电子期刊等。

地方教育行政部门要统筹推进区域数字图书馆和文献信息资源中心建设，促进优质数字资源共建共享。

第十四条 根据需要，图书馆可参与学校的校本资源开发和建设。

第四章 图书馆与文献信息管理

第十五条 图书馆应当建立健全各项规章制度，并确保执行。

第十六条 图书馆应当建立书刊总括登录和个别登录两种账目。

第十七条 各类型文献应当按照《中国图书馆分类法》进行分类。

第十八条 图书著录应当遵循《普通图书著录规则》；期刊著录应当遵循《连续出版物著录规则》，计算机编目应当遵循《中文图书机读目录格式》。图书馆应当有明确的馆藏图书排架体系。

第十九条 图书馆应当对采集的文献信息进行科学分类编目，建立完善的书目检索系统，实现书名、著者、分类等多种途径的检索。

第二十条 图书馆应当以全开架借阅为主。以学校图书馆为中心，在确保安全的前提下，充分利用走廊、教室等空间，创新书刊借阅方式，优化借阅管理，创建泛在阅读环境。

第二十一条 图书馆应当纳入学校信息化建设整体规划，实行信息化、网络化管理。

第二十二条 图书馆应当建设文献信息管理和服务系统，建立数据长期保存机制，妥善保护师生个人信息、借阅信息及其他隐私信息，不得出售或以其他方式非法向他人提供，保障信息安全。

第二十三条 图书馆应当依据档案管理规范，制定科学管理流程，妥善保存档案资料。

第二十四条 图书馆应当建立完善的资产账目和管理制度。

第二十五条 图书馆应当如实填报各类统计数据，做好统计数据的分析和保存。

第五章 应用与服务

第二十六条 教学期间，图书馆每周开放时间原则上不少于40小时。鼓励课余时间、法定节假日和寒暑假期间对师生有效开放。

第二十七条 图书馆应当做好阅览、外借、宣传推荐服务工作；开设新生入馆教育、文献信息检索与利用、阅读指导课等，鼓励纳入教学计划；为教育教学和科研活动提供有效的文献信息支撑；创新各类资源使用方式，积极创建书香校园，组织形式多样的阅读活动，促进全民阅读工作；鼓励开展图书借阅数据分析，有针对性地改进学生阅读。

第二十八条 图书馆应当加强馆际交流，推动校际阅读活动、校本资源和特色资源的合作与共享。

第二十九条 图书馆应当积极与本地公共图书馆，特别是少年儿童图书馆、高等学校图书馆开展馆际合作，实现资源共享。

各地教育行政部门要重视和加强乡镇中心学校图书馆建设，辐射周边小规模学校。在确保校园安全的前提下，有条件的学校可以探索向家长、社区有序开放。

第三十条 鼓励有条件的图书馆开展纸质图书和数字图书资源的一体化编目和服务。

第六章 条件与保障

第三十一条 图书馆馆舍建设应当纳入学校建设总体规划。有条件的中小学校设立独立的图书馆舍。图书馆应当有采编、藏书、阅览、教学、读者活动等场所。

图书馆应当重视馆内环境的绿化美化，具备良好的通风、换气、采光、照明、防火、防潮、防虫、保洁、安全等条件。接受残疾生源的学校图书馆应当设置无障碍设施及相关标识。

第三十二条 图书馆应当配备书架、阅览桌椅、借阅台、报刊架、书柜、计算机等必要的设施设备，并有计划地配置文件柜、陈列柜、办公桌椅、借还机、打印机、扫描仪、电子阅读设备、复印设备、文献保护设施设备、装订、安全监测等相关设备。设施、设备应当符合学生年龄使用需要。

第三十三条 图书馆应当设专职管理人员并保持稳定性。图书馆管理人员编制在本校教职工编制总数内合理确定。

图书馆管理人员应当具备基本的图书馆专业知识与专业技能。中学图书馆管理人员应当具备大学本科以上文化程度，小学图书馆管理人员应当具备大学专科以上文化程度。

第三十四条 图书馆专业人员实行专业技术职务聘任制。图书馆管理人员专业技术职务聘任参照国家有关规定执行，有条件的地区和学校，可设立中小学图书馆图书资料系列专业技术岗位。图书馆管理人员在调资晋级或评奖时，与学科教师同等对待，并按国家相关规定享受相应的福利待遇。

第三十五条 图书馆管理人员应当定期参加教育行政部门或专业学术团体组织的专业培训，并纳入继续教育学分管理。支持图书馆管理人员参加专业学术团体。

第三十六条 各地教育行政部门和学校应当保障图书馆建设、配备、管理、应用、培训等所需经费，在经费预算和资金保障方面应当向农村学校和薄弱学校倾斜。

图书馆应当积极配合企事业单位、社会团体和公民个人以各种方式支持、参与图书馆建设，依法组织捐赠，确保质量。

第三十七条 地方各级教育行政部门应当建立健全出版物采购廉政风险防控机制，定期组织开展中小学图书馆藏书质量和管理服务的督导评估，推动提高馆藏文献信息质量和服务效能。图书馆建设与管理工作纳入学校和校长考核体系。

第七章　附则

第三十八条　特殊教育学校图书馆参照本规程执行。

第三十九条　本规程自 2018 年 6 月 1 日起施行，2003 年 5 月 1 日发布的《中小学图书馆（室）规程》同时废止。

附表一

中小学图书馆（室）藏书量

	完全中学	高级中学	初级中学	小学
人均藏书量（册）（按在校学生数）	40	45	35	25
报刊（种）	120	120	80	60
工具书、教学参考书（种）	250	250	180	120

附表二

中小学图书馆（室）藏书分类比例表

部类		分类比例	
五大部类	22 个基本部类 *	小学	中学
第一大类	A 马克思主义、列宁主义、毛泽东思想、邓小平理论	1.50%	2%
第二大类	B 哲学、宗教	1.50%	2%
第三大类	C 社会科学总论	64%	54%
	D 政治法律		
	E 军事		
	F 经济		

续表

部类			分类比例	
五大部类	22 个基本部类		小学	中学
	G	文化、科学		
		教育		
		体育		
	H 语言、文字			
	I 文学			
	J 艺术			
	K 历史、地理			
第四大类	N 自然科学总论		28%	38%
	O 数理科学和化学			
	P 天文学、地球科学			
	Q 生物科学			
	R 医药、卫生			
	S 农业科学			
	T 工业技术			
	U 交通运输			
	V 航空、航天			
	X 环境科学、安全科学			
第五大类	Z 综合性图书		5%	4%

　　＊ "22 个基本部类"系教育部文件原文如此。据《〈中国图书馆分类法〉第五版使用手册》(国家图书馆出版社 2012 年版)，《中国图书馆分类法》分类系统分为五大部类 22 个基本大类，故 "22 个基本部类"宜称 "22 个基本大类"。

附录二　国际图联《图书馆青少年服务指南》①

第一部分　引言

指南目标

国际图联《图书馆青少年服务指南》为国际社会提供了框架，旨在帮助图书馆发展面向青少年的服务。图书馆员在本指南指导下提供服务，为国家知识体系做贡献。本指南涵盖哲学和实践方面的理念，旨在用适当的发展方式改善图书馆的服务，以满足青少年教育、信息、文化以及休闲等方面的需求。本指南可以供图书馆员、决策层、政策制定部门、图书馆学专业学生和利益相关者参考，帮助他们了解如何提升青少年服务水平。

指南对象

- 世界各地各种类型的专业图书馆员或志愿服务的图书馆员
- 图书馆管理层和决策层
- 图书馆学专业教师和学生

每个公共图书馆都有不同的服务社区，因此各馆也有不同的优先级和需

---

① IFLA. Guidelines for library services for young adults[EB/OL].[2022-02-05]. https://www.ifla.org/files/assets/libraries-for-children-and-ya/publications/ya-guidelines2-en.pdf.该指南于2008年10月修订。指南由河北大学图书馆学专业研究生张琪、王超翻译，昆山杜克大学图书馆馆员张石审校。因篇幅所限，本书只翻译了指南正文，指南中的附录未进行翻译。为便于理解，译者增加了必要的注释。指南所有页下注均为译者所加。

求。尽管目前专门面向青少年的图书馆服务尚未在各国普及，但由于青少年处于特殊的成长阶段，相信有必要制定相关指南。青少年有权获得与其他年龄阶段的读者同等质量的图书馆服务，应尽可能与青少年群体合作研究服务内容。

图书馆青少年服务的使命

"公共图书馆是当地的知识门户，为个人和社会团体的终身学习、独立决策和文化发展提供基本条件。"（《联合国教科文组织 / 国际图联公共图书馆宣言》，1995）

联合国教科文组织与国际图联的这个宣言宣告公共图书馆是教育、文化和信息的有生力量。

"青少年需要特别关注，因为许多青少年在生命这一阶段不再自主阅读。图书馆员和其他了解青少年心理和情感发展的人应该主动介绍并鼓励他们接触各种各样的书籍，以适应他们不断变化的兴趣爱好。"（《读者章程》，国际图书委员会与国际出版协会，1992）

在青少年服务方面，图书馆的使命是通过提供资源以及满足青少年智力、情感和社交方面特殊需求的环境，帮助青少年完成从青春期到成年期的过渡。

图书馆青少年服务的目标

（1）根据青少年的特殊需求，提供帮助他们从青春期到成年期过渡的图书馆服务。

（2）青少年需要并应得到满足其教育、信息、文化和休闲方面需求的服务。

（3）服务应促进青少年提升文化素养、终身学习能力、信息能力和休闲阅读能力。

以下十个目标为图书馆的青少年服务提供一个框架：

（1）图书馆制定明确的政策声明，明确青少年拥有免费获取图书馆资源和信息的权利，尊重青少年自主选择满足其需要的资料而不受审查的权利。

（2）根据最佳实践经验，有效管理图书馆青少年项目。

（3）公平分配资源以支持面向青少年的计划和服务。

（4）图书馆工作人员了解青少年身心发展相关知识，了解适合其年龄段的资源，也了解有特殊需求的青少年的需要。

（5）图书馆提供当前青少年感兴趣的广泛的资源，以鼓励他们终身学习，提高读写能力，培养阅读兴趣和扩大读者规模。

（6）图书馆提供资源以满足青少年的教育需求。

（7）图书馆帮助青少年掌握高效查找所有图书馆资源的技能，提高他们的信息素养和计算机能力。

（8）图书馆向青少年提供参与图书馆规划与服务的机会，允许青少年根据自身需要参与图书馆建设以促进青少年发展；图书馆提供志愿者活动，鼓励青少年帮助彼此。

（9）图书馆为青少年创建一个专属社区，这能够吸引青少年并反映他们的生活方式。

（10）图书馆与其他社区机构和组织合作，支持青少年健康成长的各个方面。

第二部分　读者、资源与服务 [①]

界定目标群体

目标群体（青少年）可以定义为从儿童到成年之间的群体。每个图书馆可以根据文化背景和国情，自主定义青少年的年龄范围。一般来说，通常将12到18岁之间的年龄段视作图书馆青少年服务的年龄范围。根据国情和文化的差异，这个年龄范围可能会延长至18岁之后。目标群体包括所有成员，不论其种族、宗教、文化背景、智力或身体状况。

---

① 英文版"第二部分"漏了标题，此标题为译者所加。

目标群体的需求

文化需求：图书馆必须向所有人开放，因此必须尊重不同的文化需求。文化需求植根于口头传统和视觉传统，与社会和社会地位的变化、文化多样性以及个人未来愿景有关。

发展需求：图书馆应与目标群体的代表合作，为青少年设计服务项目。应该使青少年能够积极参与资源、服务和项目的规划、实施和评估过程。图书馆应尊重、接受并乐于认可他们的选择，即使他们的选择与图书馆通常提供的选择不同。

图书馆结合基于研究的青少年发展行为模式，精心安排相关项目和服务；图书馆可以向青少年提供机会，帮助他们完成从青少年到成年的过渡。

资源

青少年是一个多元化的群体，他们的兴趣成熟程度、需求和能力差别很大。因此，图书馆必须提供各种资源以满足他们的需求。图书馆必须特别关注残障青少年以及社会和语言方面的少数族群。馆藏应包括反映文化多样性的资料，也应该包括其他语言的资料。

为青少年提供选择和展示适合其年龄段的图书馆资料的机会，可以在改进图书馆服务和资源方面带来积极效益，并有助于促使更多青少年利用图书馆。

建议使用多种类型的资源，包括漫画书，科幻小说、奇幻小说、浪漫小说和悬疑小说等流行类型的文学作品，以及当前流行的音乐。

印刷材料可包括：

（1）书籍；

（2）杂志；

（3）宣传册；

（4）海报；

（5）漫画书；

（6）图像小说（Graphic Novel）；

（7）其他语言·（包括盲文和手语）印刷品。

非印刷材料可包括：

（1）有声读物；

（2）音乐作品；

（3）多媒体资源，如 CD-ROM；

（4）计算机软件；

（5）录像带和 DVD；

（6）桌面游戏和电子游戏；

（7）电子网络和数据库产品。

要定时查看不同格式的资源是否有升级换代产品并及时更新。

应提供支持用户访问非印刷材料的设备（如游戏机）。

服务

必须提供支持本指南前文所提到的青少年需要的服务。以下推荐的服务列表并不全面，但可作为图书馆的指南，用于为目标读者提供服务时参考。在规划服务时，必须考虑实体资源服务、数字资源服务以及图书馆活动。

可推荐的服务示例：

（1）免费访问互联网。

（2）提供参考信息以支持教育与个人发展。

（3）引导青少年参观图书馆，帮助其学会源自主使用图书馆，便利地利用图书馆。

（4）培养青少年读写能力，利用纸质和电子资源查找信息的能力。

（5）为个人和团体提供读者咨询服务。

（6）鼓励读者利用各种格式的馆藏资源。

（7）提供查找帮助和其他辅助材料。

（8）协助读者通过参考咨询、馆际互借等方式获取馆外资源。

（9）在社区内向青少年推广图书馆服务。

（10）与社区内的信息服务机构进行合作。

（11）为特殊群体提供服务，例如残障青少年、当了父母的青少年以及可能被监禁的青少年或因各种原因无法前往图书馆的青少年。

图书馆活动和青少年参与度

为了向青少年提供有效和有意义的活动，图书馆必须邀请青少年参与活动的所有阶段。强烈建议青少年参与关乎自身的活动决策、规划和实施的全过程，这是促进青少年积极发展的最佳实践。

应当充分承认，青少年最了解什么对他们最有吸引力，什么对他们有价值。建议图书馆创建相关流程，便于青少年对设施、活动和服务提出意见建议——例如成立青少年咨询委员会，或开展青少年大使活动。图书馆还需要认识到，青少年可以帮助图书馆向其他社区成员介绍图书馆活动。

可推荐的图书馆项目示例：

（以下推荐的活动可作为图书馆规划活动类型的指南，但策划活动时特别重要的是要考虑当地青少年的兴趣以及发挥他们的作用）

（1）荐书会、讲故事与图书推介。

（2）讨论小组、读书俱乐部。

（3）大家感兴趣的健康、职业、时事等主题信息项目。

（4）邀请作家、运动员、当地知名人士来图书馆举办活动。

（5）音乐、美术、戏曲等文化表演活动。

（6）与社团、组织合作的活动。

（7）青少年作品（戏曲、出版物、电视、录像）。

（8）旨在教授技能或创意表达的工作坊。

（9）读书辩论会。

（10）图书推介[①]。

工作人员

为青少年服务的馆员应该具有以下技能：

（1）了解青少年在发展方面的独特需求。

---

① 原文如此，"图书推介"在（1）和（10）都出现了。

（2）把每个青少年当作独立的个体加以尊重。

（3）了解青少年的文化与兴趣。

（4）能够与社区内其他满足青少年需求的团体建立合作伙伴关系。

（5）灵活跟进青少年需求和兴趣的能力。

（6）能够在图书馆内和馆外更广大的社区范围内支持青少年。

（7）与青少年合作的能力。

（8）了解各种媒体，包括各种格式的书籍和资源。

（9）具有创意思维能力。

第三部分　与其他机构合作

为保证面向青少年的服务的质量，图书馆需要同当地其他的专业或者志愿机构建立起良好的合作关系。青少年在文化、教育和社会生活方面的活动需要充分协调，这样一来，当地各种机构才会为了青少年利益构成合作关系，而不是相互竞争。许多图书馆员拥有资源优势和专业知识，因为可以担任专业的协调员，为青少年做贡献。

在教育界拓展合作

在为青少年服务方面，学校是公共图书馆的一大重要伙伴。在很多国家和地区，可能只有学校图书馆，或公共图书馆，或兼有二者功能的图书馆，来为公众服务。学校图书馆和公共图书馆协同配合能充分满足当地年轻人的需求和喜好。为了确保合作计划得到实施，各方应该签订正式的合作协议书。

在文化界拓展合作

在多元文化社会中，与文化机构合作是解决青少年文化认同问题的有效方法。公共图书馆与其他文化机构和青少年群体一同合作，可以规划和举办如下文化活动：

- 文学节、音乐节、电影节；
- 视觉艺术展；

- 狂欢节；
- 文艺（包括街头艺术）演出。

在青少年服务领域拓展合作

图书馆员应该与社区其他青少年服务机构大力开展合作。图书馆应与社会服务机构、就业机构、福利机构、执法部门以及其他青少年服务机构保持经常性的联系，这样可以使得图书馆紧跟社会发展潮流，了解当下社会问题，关注本地相关问题，让服务触及那些一般不会来图书馆的青少年。之后可以开发并实施相应的合作解决方案，以提升青少年生活品质。

第四部分　计划与评价

计划

有效的计划要求图书馆能够收集数据、设定目标。

数据收集是计划和评估中的重要一步。应该通过政府资料收集图书馆需要的人口统计相关数据，如人口普查数据、学业成绩、经济指标和社会指标等。图书馆通过多种途径收集资料，了解当地青少年人口基本情况，并能据此在活动和服务上做出更明智的决定。

为青少年制订的计划最好由3—6个长期目标构成。图书馆应该努力明确在满足青少年需求、改善图书馆服务方面，哪些目标更有战略意义。为优先实现这些目标，应该做好预算。

随着时间推移，重点应该放在如何实现这些目标上。图书馆应集中资源给少数目标，促使其可持续发展，而不是将资源分散给多个目标却成果寥寥。比如，一个图书馆可以集中精力为青少年建设馆藏，并提供颇有吸引力的青少年空间；而另一个图书馆则把精力集中在为青少年提供教育支持，提高青少年文化素养方面。图书馆应该根据青少年的需求以及所能提供的资源来制定目标。

图书馆还应该征求不使用图书馆服务和设施的青少年的意见。

服务评价

可以采用定性和定量的方法来评价青少年活动以及服务是否成功。评价服务的 5 个基本衡量标准如下：

（1）青少年资源的人均流通量。

（2）图书馆在每个青少年读者身上的相关资源开支。

（3）青少年资源人均持有量。

（4）周转率——流通量与馆藏量之比。

（5）青少年人均参加活动次数。

评价服务的其他衡量标准：

（1）访问图书馆的青少年占青少年人口总数的百分比。

（2）青少年读者使用馆舍的情况。

（3）青少年人口中注册用户的比例。

（4）资源的馆内使用情况。

（5）每个青少年读者使用咨询服务的情况。

（6）信息传递的成功率。

（7）外部团体访问、参观图书馆的情况。

（8）图书馆员访问外部团体情况。

（9）活动和服务获得成功的轶事证据（Anecdotal Evidence）[①]。

（10）调查或访谈：用来衡量青少年读者在态度、知识、技能方面是否有所改变或提高，或者他们是否得到某些益处。如果确信活动对他们产生了影响，那么采取直接提问的方法。

（11）进行评价时应该把读者考虑在内。

（12）利用国家标准进行评价（如果有此标准）。

---

① 轶事证据是指这种证据来自轶事。由于它是根据较小样本获得的，没有经过完善的科学实验证明，有可能是不可靠的。

第五部分　宣传与推广

向青少年宣传图书馆是项重要的活动。许多青少年不知道图书馆可提供的资源的范围和价值。向青少年介绍图书馆的手段应该多样化，宣传图书馆活动和服务的一些建议如下：

（1）把推介广告放在青少年经常聚集的场所，比如电影院、咖啡厅、时装店。

（2）邀请青少年设计广告或其他宣传材料，并将他们的建议落到实处，与青少年建立良好的关系。

（3）在图书馆青少年网页中推介图书馆服务。

（4）赞助将图书馆与青少年所关心的事联系起来的活动。

（5）组织能够让青少年展示他们的知识和能力的竞赛或活动

（6）针对青少年设计一些推介性的材料以表达对青少年的文化与兴趣的理解，比如体育、名人、爱情、幻想、新潮流和音乐。

（7）通过合作伙伴（比如学校、各类机构）宣传图书馆的服务。

第六部分　最佳实践

提供以下最佳实践案例是为了帮助图书馆加深对本指南的理解并进一步用好本指南。每个图书馆必须选择对青少年用户最有益的项目和服务。基于不同社区青少年群体的独特需求和特点以及图书馆资源和社区资源的差异，每个图书馆采取的服务措施都会有所不同。

家庭作业辅导

丹麦的图书馆正与文化部和难民部签订协议，以加强图书馆为母语为非丹麦语的其他民族青少年服务的能力。政府为设立并维持双语学生的家庭作业辅导项目（名称为"家庭作业咖啡馆"）已经提供了资金。许多志愿老师是来自社区的老年人或青年学生。该项目提高了这些青少年的语言能力和学业成绩，以及增加了结识和自己类似情况的学生的机会。

图书馆俱乐部

丹麦奥尔堡的公共图书馆已经为青少年建立了几个俱乐部，吸引他们走走进图书馆参与积极的社会活动。一周中的每一天都有不同的俱乐部活动。星期一是玩Wii游戏机[①]，星期二是看漫画，星期三是做作业，星期四是讨论各种书籍和诗歌的读书俱乐部……图书馆工作人员和青少年之间形成了互动联系，为图书馆服务带来了新的、有价值的理念。

青少年多媒体图书馆

德国汉堡市创建了一个青少年图书馆，旨在为汉堡市周边地区的青少年提供多媒体图书馆和休闲空间。其馆藏包括50%的纸质媒体和50%的视听媒体，包括 CD、DVD、有声读物、棋盘游戏、杂志、UMD[②]，以及 Xbox、PlayStation、NDS 和 Wii 等品牌的游戏。馆藏的主要主题包括冒险、动作、漫画、游戏、爱情和性、压力、药物成瘾和悬疑等。青少年图书馆通过积极使用各种媒体来提高用户的阅读和使用媒体技能。青少年图书馆位于一个翻新的螺旋桨工厂内，这个工厂还提供餐饮服务。其中除图书馆外，还有一个电影院。

在巴黎郊区的维洛弗雷，青少年文化和生活方式很受欢迎。一个新的青少年多媒体图书馆充满了来自随身听、手机和MP3播放器的声音，所有这些设备都可以进入图书馆。这里可以合法地将音乐下载到他们的音乐播放器。青少年和图书馆工作人员彼此十分信任，这使得青少年能够自我控制。多媒体图书馆还资助了一个卡通工作坊，并在图书馆展示屏幕上播放青少年创作的短片。

青少年独享夜

在法国特鲁瓦，15—20 岁的青少年（在成人监护下）自愿"关"在图

---

① Wii游戏机是由日本任天堂公司于2006年推出的家用游戏机。
② UMD是通用媒体光盘（Universal Media Disc）的简称，是索尼电脑娱乐公司（SCE）的掌上型游戏机PlayStation Portable（PSP）上首次应用的光盘，这种规格的光盘只在PSP上使用。

书馆里，进行通宵文化体验。晚上的主题是"书籍和电影"。当晚，青少年观看短片，然后与作家、电影导演和编剧交谈，在第二天早晨与他们共进早餐。这样的活动培养了青少年的独立性、创造力，以及对待图书馆的积极态度。

扩展对视力受损青少年的服务

2007 年，法国布列塔尼大区圣雅克德拉朗德市镇的卢西恩·埃尔图书馆放宽了年度青少年文学奖参选条件，使目盲和视力受损的青少年也可以参选。多媒体图书馆将他们参赛的十部作品安排了由音频转录为文字。2008年，专业演员将阅读这些参赛作品。几本有声书连同播放设备一起被分发给当地青少年。残障青少年不再被边缘化，而是受到重视并会得到参与图书馆活动所需的工具。

青少年互助活动

克罗地亚里耶卡市的"书虫咖啡俱乐部"是该市持续时间最长的青少年活动，以其青少年互助项目而闻名。该项目始于 2001 年，由年轻的图书馆用户为其他同龄人举办了一系列协作研习班。俱乐部每月召开一次集会，邀请年龄在 14 到 19 岁之间的年轻读者参与。他们因为对图书和阅读有着相同的兴趣而聚在一起，每月阅读和讨论一本书。俱乐部成员还管理图书馆的公告板，负责更新有关聚会和讨论主题的消息，以及张贴发布一些建议。他们还为图书馆的网站撰写建议，并偶尔在电台上朗读他们的评论。该俱乐部是年轻人参与活动并发挥作用的一个很好的例子。

创意表演

克罗地亚扎达尔市的一个名为"跳蚤市场"（Svastarnica）的项目为青少年提供了向他人展示其创造力的机会。这个活动基于"开放的麦克风"（Open Mic）这一概念，每月举办一次；该活动鼓励青少年在同龄人面前进行创造性的表演。"跳蚤市场"鼓励所有青少年参与演出，展示他们多方面的技术和能力，比如唱歌、跳舞、表演、艺术、时尚和创意写作等。新一代青少年现在又新增了其他形式的娱乐活动，如智力竞赛、哑剧、字谜游戏和其他竞技类游戏。活动目的是鼓励青少年建立自信、娱乐身心。负责协调该项目的图书馆员还会开展青少年文学主题活动，以促进他们在轻松友好的环境中阅读。

员工游戏之夜

向图书馆员工介绍青少年文化和生活方式能促进员工更好地为青少年服务。最近，美国弗吉尼亚州的里士满市一家图书馆举办了图书馆员工的游戏之夜。周五晚上，下班后的他们聚在一起吃比萨，玩青少年间流行的各种游戏，比如"吉他英雄"，Wii 游戏以及跳舞机上的"劲舞革命"。他们很喜欢玩游戏，并且创建了联网 Wii 游戏角色头像。这次活动后，图书馆员工对青少年文化有了新的认识，并且与该社区的青少年关系变得更近了。

青少年技术周

美国洛杉矶的拉蓬特图书馆将在青少年技术周为青少年举办线上活动。这是个全国性的活动，将会引导众人注意技术在青少年生活中的作用。拉蓬特图书馆将重点关注信息素养，会为在数据库和其他在线资源的寻宝游戏中回答正确的青少年发放礼品卡。青少年将在线上为图书馆购买图书以补充其青少年馆藏，并从中学习安全和隐私方面的知识。周五是有趣的技术日，青少年可以在 Wii 游戏、"吉他英雄"和"劲舞革命"中一较高下。

位于纽约森林小丘的皇后图书馆将会发起"技术伙伴"活动。活动计划将青少年与希望学习技术的老年人配对，同时图书馆给他们讲授安全和隐私相关的技能。该活动更侧重技术中娱乐和趣味的方面：播客、短视频和视频游戏。选中的青少年和老年人将会在技术周期间一同玩 Wii 游戏，一起吃零食，并且在接下来的十周里参与技术活动。

附录三　阅读推广活动案例汇编

为了让中学图书馆员对如何开展阅读推广活动有更直观的认识，笔者选择了八个案例进行介绍，这八个案例中有中学图书馆开展的阅读推广活动，也有公共图书馆开展的一些比较适合青少年的阅读推广活动，供同行参考。

案例一　嘉兴秀州中学图书馆微书评活动

嘉兴市秀州中学图书馆于 2014—2015 学年开展了两次微书评活动。两次微书评活动的时间和形式略有不同，参与活动的人数和活动影响力也有区别。

时间要求

首次微书评活动的时间为一个半月。第二次微书评活动是在寒假期间，为期两个月。

提交方式

第一次微书评活动给出了固定的格式。学生参与活动需要亲自提交纸质稿件给图书馆工作人员。第二次没有规定微书评的形式和内容，参与方式有了很大改变，可以提交纸质稿，也可以通过邮箱或者新浪微博提交电子版稿件。

宣传方式

开展第一次微书评活动前，在图书馆门口醒目位置张贴活动通知并在图书馆网站上发布相关信息。其次，在学校教师群里发布通知，请各位班主任代为宣传。此外，还联系了校文学社的指导教师帮助宣传。最后，请各班的学生图书管理员将微书评活动的纸质通知稿带回班级，在学生中进行宣传。开展第二次微书评活动前，只在图书馆网站和图书馆门口宣传栏进行了宣传，在教师群里发布了活动通知，但是未将活动通知发放到各个班级进行宣传。

奖品设置

两次活动奖励相同，即优秀微书评奖励电影票一张，优质微书评奖励纪念品一份。

完成效果

第一次吸引50名学生参加，第二次仅有3名学生参加。与首次微书评活动相比，第二次的热度大减，甚至有部分学生反映不知道有这项活动。

该校图书馆对两次活动所产生的效果进行了分析，总结出一套微书评活动方案。

微书评活动方案

时间安排

每年9月初至10月中旬。这段时间新生对新学校还充满好奇，老生课业压力也比较轻，来图书馆的频率相对较高，活动对他们的吸引力较大。经历了一个暑假，校园图书馆馆员精神饱满，开展工作更加积极主动。图书馆员利用假期时间实现新书入库上架，大量新书能够为微书评活动的开展提供保障。

宣传方式

1.图书馆员随机采访到馆读者，倾听他们对图书馆和微书评活动的看法和意见，并将意见进行归纳总结。查询图书借阅系统，整理出热门书籍，发布热门书籍微书评征集令。向一些经常到馆的读者推荐微书评活动，鼓励他们参与活动。

2.图书馆员在图书馆通知栏张贴活动公告。制作活动展板，并将其摆放到食堂宿舍门口等醒目的位置。

3.图书馆员联系校内社团，依靠社团力量向学生进行推荐。

4.利用校园广播，播放微书评活动通知。

5. 图书馆员筹划举办微书评活动开幕仪式，并通知学生参加。

6. 图书馆员加强与教师的联系，借助教师的力量进行宣传：开辟教师微书评专栏，鼓励教师参与活动；与语文教研中心进行合作，将微书评活动引入语文选修课实践环节，鼓励学生在图书馆阅读。

7. 图书馆员自主开发信息检索等选修课课程，将上课地点安排在学校图书馆，在课程中宣传微书评活动，拉近学生与图书馆的距离。

保障与激励措施

1. 满足学生借阅需求，对参与活动的学生延长借阅期限，未读完书籍可以办理续借手续。可以将所有参与微书评活动的学生的借阅册数提高到每人单次 3 本，获得优秀微书评奖的学生，其借阅册数提高到每人单次 5 本。

2. 对优秀微书评奖获得者奖励购书卡，根据图书馆实际情况设立合理金额的购书卡，可以让学生挑选自己喜欢的书籍，从而激发学生参加活动的兴趣。

活动奖品对青少年自主参与微书评活动具有激励作用，图书馆员要学会换位思考，在日常工作中拉近与读者的距离，从细节处发现学生喜好。

案例二 广州大学附属中学图书馆的阅读马拉松

阅读马拉松是仿照马拉松这项热门运动的形式举办的阅读竞赛活动。它以阅读为核心开展活动，由讲座、阅读和创作组成，旨在培养学生阅读能力与写作能力，探寻图书馆阅读推广的新方式。

阅读马拉松要求参与者在规定时间内阅读一本书，对阅读技巧有较高的要求，这与马拉松运动"限定时间和路线进行长跑比赛"的形式颇有相似之处。该活动通过组织参赛选手在限定时间、规定地点阅读长篇作品，再进行阅读成果检验，从而比拼选手们的阅读能力。

阅读马拉松将阅读、理解、写作结合起来，让学生在高效率阅读的同时，深入理解信息，并在良好理解力的基础上培养优秀的表达力。

活动主题

2018 年度阅读马拉松比赛以"科普阅读"为主题，包括科普阅读与创作讲座、科普图书展览、现场比赛及创作等。此次大赛邀请广州大学附属中学各校区初中学生参与，以提升广大附中学子科学素养，献礼学校 70 周年校庆。

活动组织

主办：广州大学附属中学

协办：广大附中教育集团各成员学校及观察员学校、广州市金马国际旅行社有限公司、必读昵本阅读推广中心

活动安排

1. 3—4 月，邀请知名学者或作家进校园做"科普阅读与科幻写作"专题报告，报告采取巡讲方式，遍及参赛各校区。

拟邀请学者或作家：广州外语外贸大学创意写作中心主任刘海玲教授（主讲创意写作），作家钟天心（主讲科幻作品阅读），执信中学曾湖仙（主讲阅读与写作通识），广州市第七中学弓延红（主讲打开《昆虫记》的 N 种方式），植物学博士、果壳网科普专栏作者史军（主讲玩出来的植物学家）。

2. 科学主题图书展览：3—4 月。

3. 初赛：课堂上限时完成作文，所有学生参与。4 月初，以"共享"为话题，充分发挥想象，进行科幻写作。

要求：650 字以上，不准出现真实的校名和人名。

4. 决赛：由阅读小说和完成试卷两部分组成，试卷主要考查阅读理解与创作能力，创作题要求续写科幻故事。

时间：4 月 21 日（周六）上午 8:00—12:00。

地点：黄华路校区。

决赛方式

1. 各校区推选学生（初中生）参加决赛，核心校区推荐 20—30 人，其他成员学校或者观察员学校分别推选 10—15 人。

2. 选手在限定时间（拟 1 小时）内阅读科幻小说部分试读本。

3. 选手在限定时间（拟 1.5 小时）内完成一份答卷，检验阅读情况，并进行科幻作品创作。

评委组成

由各校区派出语文教师，邀请嘉宾，组成评委小组，以保证比赛的专业性与公正性。

奖项设置及奖励方式

所有参赛选手都将获得参与奖，获颁参赛证书及纪念品（手环、徽章等），证书上面有参赛者完成比赛的时间。

前四十名选手获颁奖牌及奖品。

一等奖：1 人，价值 3000 元贵州研学项目大礼包；

二等奖：2 人，价值 2000 元张家界研学项目大礼包；

三等奖：7 人，价值 350 元闸坡二日游或省内游大礼包；

四等奖：30 人，价值 100 元科普阅读大礼包；

集体奖，按各学校参赛学生总成绩计算各校区集体成绩。

媒体支持

《广州日报》《现代中小学生报》《羊城晚报》

预算清单（大致）

作家、学者讲座课时费 1000 元 / 场；科普图书主题展览，统一设计，各校区自行印刷；一、二、三等奖奖品由赞助单位提供，四等奖及所有证书、纪念品预计 6000 元；专家顾问咨询及比赛试题出题等预计 6000 元；广告制作宣传费、试读本印刷预计 5000 元；其他（含不可预见支出）预计 4000 元。

评分规则

1. 每位选手的比赛成绩由其阅读时间、答题时间、答题分数及创作分数四部分组成。

2. 答题分数及创作分数将折算为时间（100 分 = 0 分钟，90 分 = 20 分钟，80 分 = 40 分钟……0 分 = 200 分钟），简称分数时间。分数时间折算的公式为：（100−x）× 2 = 分数时间，其中 x 为答题分数。

3. 阅读时间、答题时间、分数时间三个部分相加，所得的时间即为选手完成比赛的时间。

阅读时间（小于 30 分钟按 30 分计算）+ 答题时间 + 分数时间 = 比赛时间

4. 比赛时间越短者，成绩越佳。

例如：某选手 50 分钟读完文本，20 分钟完成试题，答题和创作总得分，则他的分数时间为：（100-75）×2 = 50（分钟），他的比赛时间一共为：50+20+50 = 120（分钟）。

案例三　广州大学附属中学图书馆"如何推荐一本书"活动

活动背景

我们的身边不乏给我们推荐图书的人。老师、父母、同学等都会向我们推荐他们喜欢的书。然而，灌输式的推荐很容易让人产生抵触情绪。如果仅仅是一个单薄的简介又能有多大的吸引力？你是否曾想过，假如是由你来介绍自己喜欢的书，你应该如何推荐给小伙伴呢？

活动意义

书籍是人类进步的阶梯，是文化传承的媒介，是走向未来的基石。在我们的阅读生涯中，总有一本书让我们爱不释手，让我们醍醐灌顶，让我们如遇知音……这份阅读带来的惊喜，让我们迫切想要与人分享，分享喜悦下的阅读，分享阅读中的喜悦。

活动主题

如何推荐一本书

活动时间

2016 年 3 月

作品形式

通过文字、绘画、摄影等方式，以所推荐的图书为蓝本，充分发挥想象力，创作出手抄报，或异形书，或立体书等实物作品，可以是再现小说经典场景，也可以是重塑小说人物形象，或是梳理自己的阅读感悟，抑或是重新设计图书封面，等等。

参与方式

1. 在校学生根据自己近期的阅读情况，选取最喜欢的一本图书进行推荐。

2. 各班学生以个人或小组为单位，进行作品创作。若以小组为单位，人数不能超过 6 人。

3. 可采用但不仅限于上文所提及的形式进行创作，但最终需提交一份实物作品，内容积极向上，思想正面阳光。

评奖方式

1. 作品推选：各年级评选出优秀作品若干个（不超过 3 个）；

2. 投票评奖：作品以图片的形式发布在"广附图书馆"微信公众号上，进行为期一周的投票评选活动，评出一、二、三等奖；

3. 奖项设置：

（1）一等奖："马可 48 色水溶彩色铅笔"一盒；

（2）二等奖：中文普通图书一本；

（3）三等奖:《中国国家地理杂志》一本。

活动实施

图书馆员与初一、初二年级语文备课组合作，由语文教师在全年级发动学生参加活动；由语文老师、图书馆员和美术老师组成的专家团队对作品进行评选，并通过"广大附中图书馆"微信公众号发布投票活动；在宣传栏进行展出介绍。

案例四　合肥一中图书馆的百家讲坛

合肥一中是一所有着百年历史的名校，于 2004 年初成立了"合肥一中百家讲坛"，由校图书馆主办。讲座最初的目的是通过邀请国内外专家、学者来校做专题讲座，开阔学生视野，营造浓郁的学术、学习氛围。经过几年的时间，合肥一中逐渐摸索出一套适合自己的公益讲座的运作模式。

讲座定位为"面向学生、服务学生",以学生的需求和感受贯穿讲座的全过程:挑选学生关注的话题,邀请学生喜欢的专家,提前与专家沟通、协调,尽量采用多媒体的方式举办讲座,尽可能多用实物展示和现场展示的方式给学生提供直观的感受。

讲座嘉宾来源主要有几个方面:

一是专家外请。图书馆员要做好前期工作,分析调查哪些专家是学生熟悉和感兴趣的,选择学生熟悉的专家。图书馆员还要提前对专家进行分析,判断专家涉及领域与研究内容是否与中小学生相关,如果专家与学生接触不多,讲座内容可能不太贴近学生实际,会让学生难以理解。

二是邀请学生家长来校讲座。家长对学生的情况了解更清楚,而且与学生更亲近,没有过大的距离感,讲座可以更随和亲切,效果会更好。

三是邀请校友。学生们对学长学姐更加感兴趣,拥有更多的共同话题,学长学姐可以介绍他们的高中生活与学弟学妹产生共鸣,介绍他们的大学生活让学弟学妹更加期待,可以鼓励他们好好学习。

图书馆员要认真对讲座嘉宾进行选择,尽量邀请满足中学生心理需求的嘉宾,比如讲座嘉宾语言要通俗易懂,风趣幽默,最好能讲普通话,讲座内容不能太深刻,必须能让学生听得懂,调动他们的积极性。

讲座主题

讲座主要围绕青少年心理、科普知识、人生哲理、历史知识、学习方法和其他一些与中学生学习生活紧密相关的主题展开。讲座主题可适当偏向文科类。相较于理科类主题的讲座,文科类主题讲座对学生背景知识要求偏低,面向学生更广。

宣传方式

图书馆员制作海报,以海报的形式告知学生关于讲座的具体安排,学生自愿参加。

讲座时间

图书馆员要分析学生课业轻重时期。主要安排在学生课业较少、自由时间丰富的周末或者课外活动时间。讲座具体时间不宜太长,一般在两小时左右。一方面可以防止学生出现厌烦情绪,保证讲座效果,另一方面也不耽误学生正常学习。

案例五　Story Tubes 项目利用青少年喜欢的新技术推广阅读

　　Story Tubes 是美国盖尔·波恩公共图书馆（Gail Borden Public Library）发起的一个在线视频竞赛项目。该项目自 2008 年起开始实施，一年举行一次，后来有多个公共图书馆加盟，一同举办此项活动。该项目充分利用青少年对信息技术的兴趣，参赛选手自己动手制作一个两分钟的视频，推荐自己最喜爱的图书。参赛者将视频上传至 YouTube 或者 TeacherTube 平台，通过网络将视频传播并参与评选。Story Tubes 项目中，公共图书馆与学校进行密切的合作。学校负责获得参赛选手家长的同意，给学生提供必要的技术支持，让他们能够制作并上传视频。公共图书馆负责对竞赛进行管理。Story Tubes 把参赛选手分为五类：其中设计了四个年龄组，分别是 5—7 岁、8—10 岁、11—13 岁、14—18 岁；还有一类是不区分年龄的，只为好玩（for all ages，just for fun），成人也可以参加。针对不同参赛组的竞赛活动设立两种奖项。一是评委会奖，包括评委会大奖和评委会荣誉奖，由所有参加该年度活动的公共图书馆一起组建专门的评委会进行评审。二是网上投票人气奖，网上投票环节由具体参加活动的图书馆来负责。合作图书馆选择部分高质量参赛视频进行网上投票，如某一个县图书馆负责从该县选手作品中选择部分作品上传至网络平台，由网民投票选出获奖作品。

案例六　"邂逅阅读"项目：发现阅读的身影

　　"邂逅阅读"（Get Caught Reading）是美国出版商协会推出的面向全美的阅读推广活动，主要通过让人们发现自己身边正在阅读的身影，使人们注意到阅读活动每时每刻都在发生，认识到阅读是生活的必然组成部分。同时，"邂逅阅读"的组织者也向社会各领域的成功者、受大众喜爱的明星发出邀请，邀请他们为本活动拍摄主题宣传图片，鼓励青少年向自己喜欢的榜样学习，热爱阅读。每年五月是"邂逅阅读"的活动月，在学校、图书馆开展的比较典型的"邂逅阅读"主题活动有：向"邂逅阅读"工作组申请获得活动的主题宣传海报，将这些印有社会名人正在阅读的海报张贴在社区公告栏，为活动的开展营造氛围；将社区中遇到的成年人和儿童阅读的场景拍下来，贴在公告栏上；在学校和图书馆张贴"邂逅阅读"主题海报，设定每天一个特定的时间开展阅读活动，并将这个活动命名为"邂逅阅读"时间；学校的活动负责人随机对学生进行家访，遇到那些正在家中阅读的孩子给予奖励；向小学生发放一次性照相机，让他们发现并拍摄下那些正在阅读的同学。

案例七　华盛顿-森特维尔公共图书馆设立读书奖

美国俄亥俄州华盛顿-森特维尔公共图书馆（Washington-Centerville Public Library）鼓励读者参加阅读比赛，主要依据读者在图书馆的借阅量以及读者提交的简要书评进行评比。评委参考读者的借阅量及阅读深度，每8周评选出阅读冠军。冠军的奖品包括免费的餐券、高尔夫球票及电影票等。为吸引读者参与，图书馆将参赛者的资格从原来需要阅读10—20本书修改为阅读 x 本都可以（只要读了，不管多少本，都有评奖资格），这更是大大激发了成年读者的积极性，从而鼓励更多的人去阅读。提供奖品的饭店、高尔夫球场及电影院，都与图书馆有着密切的合作，图书馆在比赛宣传及广告语中，除了对奖品的必要宣传，还加入了赞助商的名称，这在一定程度上为赞助商做了广告，双方达到共赢。

案例八　广州大学附属中学图书馆的"与家庭成员共读一本书"

"与家庭成员共读一本书"是书香家庭建设的一个重要组成部分，也是亲子共读的一种形式。学校图书馆发起"与家庭成员共读一本书"活动，旨在以书本为桥梁，以读、写、交流为纽带，加强学生与家庭成员之间的情感交流，并提升每位参与者的能力。

目的

亲子共读是构建学习型家庭的重要方式，也是最容易引起共鸣的方式之一。在家庭成员共同阅读文本时，文字建立起的桥梁使得家庭成员之间少了一种隔阂，容易敞开心扉。通过谈论书的作者或是书中的某个人物形象，又或是某段描写，他们会产生共同语言，增加互动交流的可能性。读写活动也有助于提升学生对文本的理解，从而全面提升学生阅读素养。

内容方式

家庭成员在一定的时间和规则约束下，通过共同阅读某一本书，完成一定的读、写、分享活动。

1.漂流卡片模式

学生与家庭成员共三人组成"漂流团"，按照约定的顺序，轮流读同一本书；漂流团每位成员读完书后分享读书心得并写在明信片中，将明信片和图书传递给下一位家庭成员；开学一周内将卡片交回班主任或者图书馆。

2."悦读团"小程序模式

图书馆在"悦读团"小程序中发布亲子共读活动，团长发起"拼团阅读"（团名可自定义），并邀请家庭成员三人组成"悦读团"组团读书。家庭成员读完同一本书后，需分别提交读书笔记至"悦读团"小程序进行审核，三人都提交成功后，方可在小程序"广场"见到自己团的阅读分享，同时"广场"也有其他团共读一本书的读书笔记，使得各种思维在"广场"形成碰撞。

实施效果

"与家庭成员共读一本书"亲子共读活动从 2014 年至 2020 年，已经开展了七年，累计参加家庭达 4000 多个，8000 多人次参与，阅读分享卡片 2000 多张，文字记录 70 万字以上，共整理结集成三本亲子共读成果集。从活动选择图书数据来看，散文类图书是最受家庭共读者欢迎的读物，其次是小说类型读物。散文以其优美的文字、细腻的情感表达方式，很容易引起家庭成员共鸣，让他们产生思维碰撞。小说的故事性、可读性强，阅读的门槛低，也有利于家庭成员进行共读。

应该注意的问题

共读书目的选择要以容易增强家庭成员感情、容易分享为原则，兼顾可读性和故事性。书目由家庭成员共同商量而确定。

读书笔记形式可以多样，读后感、摘抄等形式都可以，以避免某些家庭成员无话可说的情形出现。

读书笔记只是一种分享的形式，家庭成员还应该开展面对面分享交流的家庭读书会分享活动。读书笔记字数是否需要做限制，可酌情处理。

活动时间不宜过长，三个星期最为适宜，规定每个成员在一周内完成阅读任务，三周三人依次完成。

鼓励学生成为团长，组织策划一次家庭读书会活动。

示例索引